Kathrin Paasch
Herausgeberin

Miszellen zur Erfurter Buch- und Bibliotheksgeschichte

Kathrin Paasch
Herausgeberin

Miszellen zur Erfurter Buch- und Bibliotheksgeschichte

Vorträge vor der Neuen Erfurter Bibliotheksgesellschaft von 1997 bis 2000

Band 11

Reihe PALMBAUM Texte. Kulturgeschichte.
Herausgegeben von Detlef Ignasiak und Roswitha Jacobsen in Verbindung mit der Thüringischen Literarhistorischen Gesellschaft Palmbaum e.V., Jena

Verlag und Herausgeberin danken der Stadt Erfurt für die freundliche Unterstützung bei der Drucklegung.

Die Deutsche Bibliothek – CIP-Einheitsaufnahme
Paasch, Kathrin (Herausgeberin): Miszellen zur Erfurter Buch- und Bibliotheksgeschichte. Vorträge vor der Neuen Erfurter Bibliotheksgesellschaft von 1997 bis 2000.
Kathrin Paasch. – 1. Auflage –
Bucha bei Jena: **quartus-Verlag** 2002
ISBN 3-931505-69-3

Titelbild: *Bibliothekssaal im ehemaligen Augustinerkloster Erfurt, Leopoldina Halle.*

1. Auflage

ISBN 3-931505-69-3

Gestaltung und Satz: Gisela Ignasiak, Ines Hofmann, quartus-Verlag
Einbandgestaltung: KMD Grafik- & Designatelier, Weimar
Schrift: Baskerville
Belichtung, Druck, Bindung: Gutenberg Druckerei GmbH Weimar

Inhalt

Vorwort

Im Januar 1995 wurde die Neue Erfurter Bibliotheksgesellschaft ins Leben gerufen. Ihr Anliegen ist es seither, die reichhaltigen historischen Buchbestände, über die Erfurt seit dem Mittelalter verfügt, im öffentlichen Bewusstsein zu verankern und wach zu halten. Die Gründungsmitglieder knüpfen damit bewusst an die 1925 gegründete und in den 1940er Jahren aufgelöste Erfurter Bibliotheksgesellschaft an, die sich vor allem für die damalige Stadtbücherei engagierte.

In den zurückliegenden sechs Jahren veranstaltete die Gesellschaft Vorträge und Gesprächsrunden, unternahm – ebenso reiselustig wie die „alte“ Bibliotheksgesellschaft – Exkursionen hin zu Büchern und Bibliotheken. In einer kleinen Schriftenreihe wurden bisher drei der wichtigsten historischen Bücherfundi Erfurts vorgestellt, die Handschriften und Alten Drucke der Stadt- und Regionalbibliothek, der Bibliothek des evangelischen Ministeriums im Augustinerkloster und der Dombibliothek im Bistumsarchiv. In einer eigenständigen Publikation liegen zudem die Vorträge des Symposiums „Bücher und Bibliotheken in Erfurt“ vor.

Die ersten zwei Jahre nach der Gründung unserer Gesellschaft standen im Zeichen des Erprobens von Formen der Vereinsarbeit und der Einführung in das bundesdeutsche und natürlich Erfurter Bibliothekswesen unter besonderer Berücksichtigung historischer, wertvoller und schützenswerter Büchersammlungen. Seit dem dritten Jahr unseres Bestehens vereinten wir die Vorträge und Exkursionen jeweils unter einem Jahresschwerpunkt: 1997 lernten wir unter dem Titel „Zwischen Nutzen und Bürde – Institutionen und ihre Bibliotheken“ die ehemalige „Reichsgerichtsbibliothek“, die Universitätsbibliothek Göttingen, die Herzog August Bibliothek in Wolfenbüttel, die Bibliothek des Deutschen Bundestages, die in Halle beheimateten Bibliotheken der Leopoldina, der Frankeschen Stiftung sowie die Marienbibliothek kennen. 1998 galten die Aktivitäten unter dem Titel „Zu Europas Büchern“ den Handschriften, Drucken und Bibliotheken entlang der alten Handelsstraße Via Regia. So führten Reisen in die „Buchstadt“ Leipzig, zur Deutschen Bibliothek nach Frankfurt am Main, in die Jagiellonen-Bibliothek nach Krakau, sowie zu den Bibliotheken in Schulpforta, Quedlinburg, Helmstedt und Halberstadt. Darüber hinaus galt unser Interesse den vielfältigen buch- und bibliotheksgeschichtlichen Beziehungen zwischen Erfurt und europäischen Städten und Regionen. Dieser Faden wurde 1999 weitergesponnen. Die Veranstaltungen des zurückliegenden Jahres standen ganz im Zeichen des 600. Geburtstages Gutenbergs und lenkten unseren Blick stärker als bisher auch auf die Geschichte des Erfurter Buchdrucks.

Die vorliegende Publikation vereint nun chronologisch sieben der 24 buch- und bibliotheksgeschichtlichen Vorträge, die seit 1997 im Rahmen des jeweiligen Jahresprogramms der Neuen Erfurter Bibliotheksgesellschaft gehalten worden sind. Die Palette reicht dabei von kunstgeschichtlichen Darstellungen über die Vorstellung einer einzelnen Bibliothek hin zur Nachzeichnung von einzelnen Buchschicksalen und Bücherwanderungen und dem Versuch, eine Geschichte des Erfurter Bibliothekswesens zu rekonstruieren.

Den Referenten der hier dokumentierten Vorträge danke ich herzlich für die Überarbeitung ihrer Vortragsmanuskripte. Der Stadt Erfurt sei gedankt für die finanzielle Unterstützung, ohne die dieser Band nicht zustande gekommen wäre.

Erfurt, im November 2000

Kathrin Paasch
Vorsitzende der Neuen Erfurter Bibliotheksgesellschaft e.V.

Erfurt – eine wichtige Station auf dem Weg der Bibliothek der Leopoldina[1]

Jochen Thamm

Am Neujahrstag 1652 gründeten vier Ärzte in Schweinfurt nach italienischem Vorbild die „Academia Naturae Curiosorum". Durch die Privilegierung und Erhebung zur Reichsakademie durch Kaiser Leopold I. wurde sie 1687 zur „Sacri Romani Imperii Academia Caesareo-Leopoldina Naturae Curiosorum". An dieses Ereignis erinnert noch ihr heutiger Name „Deutsche Akademie der Naturforscher Leopoldina". Die Leopoldina ist die „älteste, ununterbrochen existierende naturwissenschaftliche Akademie der Welt".[2]

In den ersten Statuten wurde „die Ehre Gottes, die weitere Aufklärung auf dem Gebiete der Heilkunde und der daraus hervorgehende Nutzen für die Mitmenschen" als Ziel und einzige Richtschnur der Akademie festgelegt. Die Mitglieder erhielten als Aufgabe die Erforschung einzelner Heilmittel, die nach einem bestimmten Schema zu bearbeiten und zu publizieren waren. 1661 erschien die erste Veröffentlichung,[3] ab 1670 wurde die erste naturwissenschaftlich-medizinische Zeitschrift herausgegeben.[4] Sitz der Akademie war der Wohnort ihres Präsidenten. Zog dieser um oder wurde ein neuer Präsident aus einem anderen Ort gewählt, erfolgte ihre Verwaltung von dort aus.

Schon bald wiesen die Mitglieder auf die Notwendigkeit einer eigenen Bibliothek bzw. Naturaliensammlung hin. Erste konkrete Schritte unternahm Jacob Wolff aus Jena. Der Präsident Johann Georg Volckammer setzte keine großen Hoffnungen in Wolffs Pläne, erteilte ihm aber 1690 eine entsprechende Vollmacht. Wolff starb 1694, ohne etwas erreicht zu haben.

1730 wurde Johann Jakob Baier, Mediziner in Nürnberg, Präsident. Er holte sich von den Adjunkten die Zustimmung zur Einrichtung einer Bibliothek und Naturaliensammlung. Wegen eines geeigneten Platzes verhandelte man mit der Stadt Nürnberg und mietete schließlich im Catharinenkloster einen Raum. Baier schenkte aus seinem Besitz 37 Bücher, kaufte ein weiteres aus der Kasse der Akademie und erklärte am 17. September 1731 die Sammlungen für eröffnet. Die Voraussetzungen für ihre Nutzung und Erweiterung waren nun gegeben, aber die Erwartungen erfüllten sich nicht. In die Kasse der Akademie ging kein Geld ein, Büchergeschenke kamen nur wenige, und der Raum erwies sich als ungeeignet. Deshalb wurde in Nürnberg ein Haus angemietet, und die Sammlungen 1734 dorthin überführt.

Nach dem Tode Baiers im Jahre 1735 wurde der Mediziner Andreas Elias Büchner aus Erfurt Präsident. Er bemühte sich umgehend, ein angemessenes Haus für die Akademie zu finden. Die Verhandlungen mit der Stadt Nürnberg führten zu keinem Ergebnis, aber in Erfurt erreichte er durch persönliche Beziehungen, dass der Magistrat der Stadt einen großen Saal im unteren Stock des evangelischen Ratsgymnasiums, einem Teil des durch Luther berühmt gewordenen ehemaligen Augustinerklosters, unentgeltlich zur Verfügung stellte.

Der Umzug der Bücher – es waren etwa 200 Bände – und der Naturalien erfolgte im August 1736. Den Ausbau und die Einrichtung des Saales mit Schränken, anderem Inventar und Bildern finanzierte Büchner aus eigener Tasche vor. Er übernahm auch die Verwaltung der Bibliothek selbst, bis er 1745 einen Ruf an die Universität Halle/Saale annahm und die Akademie einen neuen Amtssitz erhielt. Büchner versuchte nicht, die Bibliothek dorthin mitzunehmen. Als Präsident behielt er die Leitung, er bestimmte die Neuanschaffungen, an ihn gingen die Geschenke, aber er setzte den Mediziner Johann Hieronymus Kniphof[5] als Bibliothekar ein, dem er die eingehenden Bücher zur Katalogisierung und weiteren Verwendung übersandte.

Büchner ließ 1755 ein Zugangsverzeichnis für die Jahre 1731 bis 1755 (1270 Bände) und 1767 für die Jahre 1756 bis 1766 (1175 Bände) drucken, in letzterem sind die Schenkungen von rund 1000 Bänden von Christoph Jacob Trew aus Nürnberg besonders erwähnenswert. Ab 1759 arbeitete der Rektor des Ratsgymnasiums Hermann Ernst Rumpel als Kustos in der Bibliothek mit, und es wurde unter Kniphofs Leitung ein Realkatalog angelegt. Kniphof starb 1763, sein Nachfolger als Bibliothekar wurde Hermann Ernst Rumpel, 1766 dessen Bruder, der Mediziner Ludwig Friedrich Eusebius Rumpel.

Da die Vereinbarungen über die Unterbringung der Bibliothek mit der Stadt Erfurt nur auf mündlichen Absprachen beruhten, führte Büchner mit dem Magistrat Verhandlungen, an deren Ende beide Seiten am 8. Mai 1769 einen entsprechenden Vertrag unterzeichneten. Nach dessen Bestimmungen kann die Bibliothek für immer und unentgeltlich in den Räumen bleiben, sie wird allein von der Akademie verwaltet und kann nicht mit anderen Bibliotheken vereinigt werden. Die Stadt erklärte sich bereit, falls der momentane oder ein zukünftiger Präsident in einer anderen Stadt seinen Amtssitz nimmt und deshalb in Erfurt keinen Bibliothekar bestimmen kann, zwei Personen, „zwey gelehrte Subjecta“, wie es hieß, vorzuschlagen, von denen dann eine vom Präsidenten ausgewählt werde. Auch würde der Rat auf Wunsch die Bibliothek auf ordentliche Amtsführung hin visitieren. Schließlich sollten aber der Stadt im Falle einer Verlegung der Sammlungen keine Kosten entstehen, z.B. durch Renovierung des Raums.[6] In diesem für die Akademie sehr entgegenkommenden Vertrag verzichtete die Stadt auf finanzielle Gegenleistung. Sie wusste offensichtlich um den immate-

Abb. 1 Bibliothekssaal im ehemaligen Augustinerkloster (Ausschnitt).

riellen Gewinn, den eine angesehene wissenschaftliche Sammlung für sie bringen würde. Ein immer wieder aktuelles Thema.

Wenige Monate nach der Unterzeichnung, noch im Jahr 1769, starb Büchner. Er hatte in seiner Amtszeit die Bibliothek auf ein festes Fundament gestellt. Die Unterbringung war gesichert, die Bestände hatten einen beachtlichen Zuwachs erfahren, und die Betreuung war in guten Händen.

Das oben erwähnte Zugangsverzeichnis enthält auch eine Darstellung des Bibliothekssaales (Abb. 1).[7] An der Wand zwischen den Pfeilern stehen je zwei große zweitürige Bücherschränke. Die kleineren Schränke dazwischen und die drei an der Stirnseite sind für Naturalien bestimmt. Auf den Schränken muss man sich noch größere Skelette und ausgestopfte Tiere vorstellen. Die beiden Ölgemälde an der Wand stellen Kaiser Leopold I. und Karl VI. dar. An den Pfeilern hängen vier Bilder mit Porträts von Protektoren. Die Bücher sind systematisch nach Fachgebieten geordnet: Medizin, Botanik, Chemie und andere Naturwissenschaften. Heute sind von diesem Saal noch die Grundmauern und die unteren Teile der vier Pfeiler zwischen der Augustinerstraße 10 und der Comthurgasse zu sehen.

In der Präsidentschaft folgte 1769 Ferdinand Jacob Baier, Arzt in Nürnberg und Sohn des Gründers der Bibliothek. Er zeigte sofort großes Interesse an den Sammlungen, unternahm eine Reise nach Erfurt, um sich dem Magistrat vorzustellen und die Bücher und Naturalien zu besichtigen. Wegen der großen Entfernung zwischen Nürnberg und Erfurt setzte er den Mediziner Ernst Gottfried Baldinger aus Jena und später den Mediziner Wilhelm Heinrich

Stephan Buchholtz aus Weimar als Visitatoren ein. Baier war mit den Verhältnissen in Erfurt sehr zufrieden. Er widerstand mehreren Versuchen von Heinrich Friedrich Delius, die Bibliothek nach Nürnberg zu verlegen. Dieser wollte, als Herausgeber der „Erlangischen gelehrten Anmerkungen und Nachrichten", die Bücher in seiner Nähe haben. Baier kam ihm so weit entgegen, dass ihm alle neu eingehenden Bände zugeschickt wurden und er sie für seine Zwecke zunächst benutzen konnte, wodurch es zu erheblichen Verzögerungen in der Bearbeitung der Zugänge kam.

Die Vermehrung der Sammlungen machte weitere Fortschritte. Bibliothek und Akademie wurden von Baier bis zu Beginn der achtziger Jahre sehr gut geleitet und verwaltet. Dann erblindete er fast vollständig und war gelähmt. Nun machte eine nicht näher bezeichnete Frau, es soll seine Wirtschafterin gewesen sein, ihn völlig von sich abhängig und übernahm nicht nur die Verwaltung seines privaten Vermögens, sondern auch die des Geldes der Akademie. Die Adjunkten versuchten, Baier zur Niederlegung seines Amtes zu bewegen. Delius wurde zum Vizepräsidenten gewählt. Baier widersetzte sich allen Maßnahmen und es dauerte bis zum Oktober 1788, bis die formalen Schwierigkeiten überwunden waren und (am 24. Oktober) eine gerichtliche Übergabe des Archivs stattfand. Baier war in der Nacht zuvor gestorben. Die Kassen waren leer, und für ein anständiges Begräbnis kam die Akademie auf. Für die Bibliothek waren seit April 1781 weder Geld noch Bücher vom Präsidenten und kaum Geschenke von neuen Mitgliedern eingegangen. Der Naturaliensammlung fehlten die Mittel zur Erhaltung.

Mit dem Mediziner Delius aus Erlangen wurde jener Mann Präsident der Akademie, der in der Zeit der Präsidentschaft des Sohnes des Gründers, des eben genannten Ferdinand Jacob Baier, versucht hatte, die Bibliothek nach Nürnberg verlegen zu lassen. Neben der dringenden Aufgabe, das Ansehen der Akademie wieder herzustellen, dürften fehlende Räumlichkeiten der Grund gewesen sein, dass er diesen Plan nicht ausführte. Delius war kein sehr korrekter Bibliotheksverwalter. Während einige bedeutende, umfangreiche Werke von den Spendern direkt an die Bibliothek gesandt wurden, konnten die an ihn geschickten Bände erst nach seinem Tode in den Bestand eingefügt werden, da er sie nicht an die Bibliothek weitergeleitet hatte. Auch auf die vernachlässigte Naturaliensammlung wurden größere Anstrengungen verwandt.

Der folgende Präsident – Delius starb bereits 1791 nach drei Jahren Amtszeit – war der Mediziner und Botaniker Johann Christian Daniel von Schreber aus Erlangen, ein angesehener Wissenschaftler, der aber an notwendigen Verwaltungsaufgaben kein Interesse hatte. Es erfolgten kaum Aufnahmen neuer Mitglieder, ausscheidende Mitglieder, die bei der Verwaltung mitgearbeitet hatten, wurden nicht durch neue ersetzt.

1792 legte Hermann Ernst Rumpel nach 35-jähriger Tätigkeit sein Bibliotheksamt aus gesundheitlichen Gründen nieder. Er starb 1794, Nachfolger wurde sein Bruder. Schreber ernannte keinen neuen Kustos. Auch nach dem Tod des Visitators der Sammlungen wurde kein Nachfolger ernannt.

1792 ging Erlangen und 1802 Erfurt in preußischen Besitz über. Einige Jahre später, 1816, wurde die Universität Erfurt geschlossen. Der Rektor der Universität Halle bemühte sich beim preußischen König um die Sammlungen der Leopoldina für seine Universität. Schreber entgegnete, dass der Staat keine Verfügungsgewalt über das Eigentum einer unabhängigen Gesellschaft habe, und ihm kein Grund bekannt sei, warum die Sammlungen nicht in Erfurt bleiben könnten und außerdem Erlangen, als Sitz des Präsidenten, Vorrecht vor Halle habe. Schreber versuchte nun, durch Vermittlung des Ministers von Hardenberg beim König die Rechte der Akademie zu sichern. Hardenberg nahm sich der Sache an. Weil ihm eine Verbesserung der Bibliothekssituation in Erlangen durch einen Umzug der Bibliothek der Leopoldina dorthin universitätspolitisch recht gelegen kam, brachte er gegenüber Schreber Bedenken gegen den Verbleib der Bibliothek in Erfurt vor. Der ließ sich überzeugen und beauftragte in einem Schreiben vom 8. Juni 1805 Rumpel, die notwendigen Vorkehrungen für die Übersiedlung zu treffen. Am 18. Juli begann man mit dem Verpacken. Zunächst gingen die Arbeiten nur langsam voran, da Rumpel fast 70 Jahre alt war und offenbar kein besonderes Interesse an der Versendung der Bücher hatte. Daraufhin wurde ihm ein Helfer zur Seite gestellt, und die Sammlung war am 24. Juli verpackt. Vom 27. Juli bis 22. August wurden in vier Sendungen die etwa 4000 Bände in 26 Kisten nach Erlangen überführt, dazu in 21 Kisten die Naturaliensammlung.

Durch das mangelhafte Engagement Schrebers blieben Bibliothek und Naturaliensammlung bis zu seinem Tode 1810 unausgepackt in ungeeigneten Räumen stehen.

Mit dem Rücktritt des Kaisers und dem Ende des Heiligen Römischen Reiches Deutscher Nation verlor die Leopoldina 1806 ihren eigentlichen Schutzherrn. Wurde die Leopoldina bei den Auflösungen und Umwandlungen von Institutionen durch Napoleon einfach übersehen, weil sie zu unbedeutend geworden war?[8] Zeitweilig wurde die Akademie sogar als Teil der Universität Erlangen angesehen.

Der folgende Präsident, der Erlanger Mediziner Friedrich Wendt, und besonders der Sekretär der Akademie, der Erlanger Mediziner Georg August Goldfuß, bemühten sich nun sehr um die Sammlungen. Sie mieteten andere Räume und machten Bücher und Naturalien wieder zugänglich.

1818 wurde der Botaniker Christian Gottfried Daniel Nees von Esenbeck neuer Präsident. Kurz danach nahm er eine Berufung an die Universität Bonn an und überführte 1819 die Sammlungen gegen den heftigen Widerstand Erlanger Akademiemitglieder und der Bayerischen Regierung, die sich ja im Besitz der Akademie wähnte und die Sammlung zwischenzeitlich sogar beschlagnahmte, nach Bonn ins Schloss Poppelsdorf. Hier trennte man sich bald von der Naturaliensammlung. Nees, und damit die Akademie, ging 1830 nach Breslau. Die Bibliothek blieb in Bonn, und wieder traten die aus der Zeit des Präsidenten Delius bekannten Schwierigkeiten einer Trennung von Bibliothek und Akademie auf.

1864 holte der Mediziner Carl Gustav Carus, der 1862 Präsident geworden war, die Bibliothek mit ihren inzwischen fast 20.000 Bänden nach Dresden. Auch hier erwiesen sich die Räumlichkeiten als nicht geeignet. Schließlich wurde 1878 der Physiker Hermann Knoblauch aus Halle an der Saale Präsident. Er brachte die Bibliothek zunächst in einem Klinikgebäude der Universität unter, das sich am Domplatz befand, bis endlich 1904 die Akademie ihr eigenes Gebäude mit Bibliothek einweihen konnte, in dem sie noch heute ihren Sitz hat. Seither kommen alle Präsidenten aus Halle und die durchaus mögliche Wahl eines Präsidenten aus einem anderen Ort würde wohl keinen Umzug mehr nach sich ziehen. Die „wandernde Bibliothek“[9] hat nach zwölf Zwischenstationen ihren Platz gefunden.

Die Bestände der Bibliothek sind jetzt auf 250.000 Bände angewachsen. Die Mitglieder der Leopoldina – sie kommen aus der ganzen Welt und arbeiten auf allen Gebieten der Naturwissenschaften und der Medizin – sind gehalten, von ihnen verfasste Werke zur Verfügung zu stellen. Auch andere Schenkungen und Nachlässe tragen zur Bestandsvermehrung bei. Ein systematischer Bestand einzelner Fachgebiete baut sich damit natürlich nicht auf, vielmehr spiegelt sich das wissenschaftliche Schaffen der Akademiemitglieder besonders im Monografienbestand wider.

Anders ist es bei den Gesellschaftsschriften. Unter dem Präsidenten Nees entstanden mit den Bänden der „Nova Acta Leopoldina“ attraktive Tauschgaben. Damit gelang es, bedeutende Akademien und wissenschaftliche Gesellschaften in Deutschland, Europa und den anderen Erdteilen als Tauschpartner zu gewinnen. Deren medizinisch-naturwissenschaftliche Reihen sind oft vollständig vorhanden und bilden einen wertvollen und charakteristischen Teil der Bibliothek. Heute sind etwa 500 Einrichtungen Tauschpartner.

Für den Kauf von Literatur zur Lückenergänzung und für den Sammelschwerpunkt Geschichte der Naturwissenschaften und der Medizin stehen Mittel zur Verfügung. In der Folge des Zweiten Weltkrieges gingen leider 7000 ausgelagerte, wertvolle Bände als Beutegut verloren.[10]

Die Bestände stehen der Öffentlichkeit in Orts- und Fernleihe zur Verfügung. Die Monografien sind ab Erscheinungs- bzw. Zugangsjahr 1992 vollständig im PICA-Katalog des Gemeinsamen Bibliotheksverbundes nachgewiesen. Die wünschenswerte Retrokatalogisierung hat bisher leider noch nicht begonnen. Am Nachweis der Zeitschriften und Serien in der Zeitschriftendatenbank wird gearbeitet.

Zur organisatorischen Struktur der Leopoldina und ihrer Entwicklung ist hier nichts ausgeführt worden. Durch die Erwähnung der vielen Namen sollte aber deutlich geworden sein, dass die wichtigen Entscheidungen bei nur wenigen Personen lagen, insbesondere bei den jeweiligen Präsidenten. Jeder Wechsel eines Amtsträgers mit seinen Fähigkeiten, Möglichkeiten und Interessen hatte direkte Auswirkungen auf die Arbeitsweise und das Erscheinungsbild der Akademie, früher viel unmittelbarer als heute. Die aktuellen Statuten legen Verantwortung auf verschiedene Gremien wie Präsidium, Senat, Adjunkten, Obmänner und Verwaltung. Es ist nicht mehr möglich, einfach Posten über längere Zeit unbesetzt zu lassen wie zu Zeiten Schrebers. Die Begrenzung der Amtszeit beugt Zuständen wie in den letzten Amtsjahren von Ferdinand Jacob Baier vor, und die Zuwendungsgeber, das sind der Bund und das Land Sachsen-Anhalt, verlangen korrektes Wirtschaften. Insgesamt überwogen neben Perioden des wissenschaftlichen Stillstands und der Misswirtschaft die Zeiten mit fähigen und engagierten Präsidenten und Mitarbeitern. Davon zeugen viele wichtige Arbeiten in den Publikationen und berühmte und bekannte Akademiemitglieder wie Goethe, Einstein, Darwin und Johann Bartholomäus Trommsdorff sowie die im Erfurter Raum bekannten Ludwig Friedrich von Froriep (gest. 1847) oder Johann Jacob Bernhardi (gest. 1850).

Die Wanderschaft der Bibliothek durch sechs deutsche Städte ist mit dem Bezug des eigenen Gebäudes in Halle zu Ende gegangen. Es bleibt die ständige Aufgabe der offensiven Anpassung an wissenschaftliche, politische, finanzielle und technische Entwicklungen – wie in allen Bibliotheken.

Anmerkungen

1 Überarbeitete Fassung des Vortrages vom 19. Juni 1997.

2 Erhardt Mauersberger, Bibliothek der Deutschen Akademie der Naturforscher Leopoldina. In: Erhardt Mauersberger/Waltraut Guth (Bearb.), Handbuch der historischen Buchbestände in Deutschland, Bd. 22: Sachsen-Anhalt, hg. von Friedhilde Krause, Hildesheim [u.a.] 2000, S. 98–103 (Halle/Saale 2).

3 Phillip Jacob Sachs de Lewenhaimb, Ampelographia sive vitis vinifere ..., Leipzig 1661.

4 Miscellanea curiosa medico-physica Academiae Naturae Curiosorum sive Ephemeridum medico-physicarum Germanicarum curiosarum 1 (1670). Dies ist die älteste wissenschaftlich-medizinische Zeitschrift überhaupt. Die in einigen Lexika als erste deutsche Zeitschrift genannte „Acta Eruditorum" begann erst 1682, andere ältere ausländische Zeitschriften sind natur- und geisteswissenschaftlich orientiert. Vgl. Joachim-Hermann Scharf, Anmerkungen zum Publika-

tionswesen der Akademie. In: Deutsche Akademie der Naturforscher Leopoldina. Geschichte und Gegenwart (Acta Historica Leopoldina, Suppl. 1), Halle 1989, 2. Aufl., S. 89.

5 Es sei auf dessen buchgeschichtlich interessanten Beitrag zum Naturselbstdruck besonders hingewiesen. Vgl. Ilsabe Schalldach, Lebendig Kräuter-Buch. Einleitung. In: Johann Hieronymus Kniphof, Botanica in originali pharmaceutica [Nachdruck der Ausgabe Erfurt 1733], Rudolstadt 1996, S. 81–95.

6 Vertrag vom 8. Mai 1769. Abgedruckt in: Oscar Grulich, Geschichte der Bibliothek und Naturaliensammlung der Kaiserlichen Leopoldinisch Carolinischen Deutschen Akademie der Naturforscher, Halle 1894, S. 57–61. Diese detaillierte und kritische Analyse von Grulich liegt im Wesentlichen auch der vorliegenden Darstellung zugrunde.

7 Aus: Andreas Elias Büchner, Academiae Caesareae Leopoldino-Carolinae naturae curiosorum Bibliotheca physica, Halle 1755.

8 Benno Parthier, Bestand und Wandel der ältesten deutschen Akademie, Halle 1994, S. 26.

9 So der Titel eines Aufsatzes von Oscar Grulich, Leiden und Freuden einer wandernden Bibliothek. In: Zentralblatt für Bibliothekswesen 2 (1885), S. 117–135.

10 Mechthild Hofmann/Jochen Thamm, Hoffnung auf späte Rückkehr. Das Schicksal der im Zweiten Weltkrieg ausgelagerten Bestände der Leopoldina-Bibliothek. In: Jahrbuch 1993 der Deutschen Akademie der Naturforscher Leopoldina 39 (1994), S. 411–426.

Ein Rückblick in die Erfurter Bibliotheksgeschichte während des Dreißigjährigen Krieges[1]

Nadine Vogler-Boecker

Die schwedische Besetzungszeit Erfurts und die daraus resultierenden Bücherverschleppungen

Die schwerwiegenden Auswirkungen des Dreißigjährigen Krieges und seiner Begleiterscheinungen wie Hunger und Seuchen auf die Bevölkerungszahlen sind in der Geschichtsschreibung weitestgehend beschrieben worden. Die aus dem Niedergang in Wirtschaft und Handel resultierenden Probleme der Nachkriegszeit sind ebenfalls, aber noch unzureichend erfasst. Wenn man sich mit der Buchlandschaft dieser Zeit auseinander setzt, muss man feststellen, dass die Ereignisse und Folgen des Dreißigjährigen Krieges, die den privaten und öffentlichen Buchbesitz in Deutschland betreffen, in der Forschung nur oberflächlich angeschnitten werden, ohne den Sachverhalt korrekt und umfassend zu ergründen. Hier liegen für konkrete Aussagen noch immer nicht in ausreichendem Maße regionale Untersuchungen vor. Der vorliegende Beitrag soll helfen, diese Lücke ein wenig zu verkleinern.

Mit dem wirtschaftlichen Niedergang Deutschlands im Dreißigjährigen Krieg kam es zu einer langandauernden kulturellen Depression, die auch aus der starken Einschränkung der Buchproduktion resultierte. Angesichts der Verluste, die die Bibliotheken durch Krieg und Kriegsfolgen erlitten haben, gewannen ihre Bestände einen besonderen kulturellen und materiellen Wert. So ist der Dreißigjährige Krieg mit seinen Folgen für die Buchbestände von Bibliotheken, Archiven und Buchsammlungen im ehemals Heiligen Römischen Reich Deutscher Nation von einschneidender Bedeutung für die Buchgeschichte Deutschlands wie Schwedens.

Einer der ersten Orte, die nach Gustav II. Adolfs Sieg bei Breitenfeld von den Schweden besetzt wurden, war die Stadt Erfurt. Ihre attraktive Lage in einem reichen und fruchtbaren Gebiet im Herzen Deutschlands machte sie zu einem herausragenden Stützpunkt des schwedischen Heeres, und das blieb sie fast während der gesamten schwedischen Besetzungszeit bis 1650.[2]

Am 19. September 1631, im Vorfeld der Stadteinnahme, schickte der schwedische König seinen Generalkommissar, den Kriegsrat Sigismund Häuser, zu Verhandlungen mit dem Rat in Erfurt. Noch bevor die Modalitäten des Durchzugs der Schweden und ihrer Unterbringung geklärt werden konnten, glückte

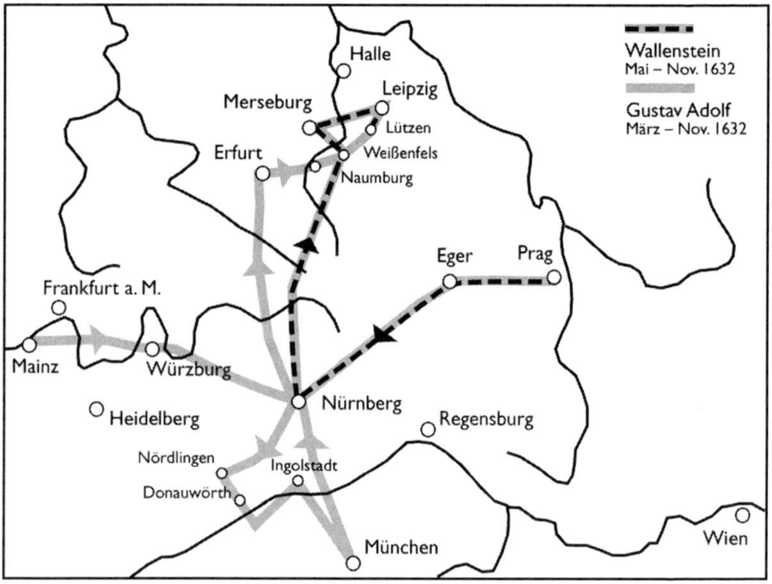

Abb. 2 Die Orte der Bücherverschleppungen in Deutschland zur Zeit des Dreißigjährigen Krieges.

am 21. September 1631 Herzog Wilhelm von Weimar die Einnahme der Stadt.[3] Am folgenden Tag hielt Gustav II. Adolf selbst seinen Einzug in Erfurt. Unter Glockengeläut und Jubelschreien der Stadtbevölkerung, die zum großen Teil protestantisch war, wurde er empfangen.[4]

Die katholische Minderheit wohnte zu dieser Zeit hauptsächlich im Stadtbereich des Domes und der Severikirche. Hier befanden sich zahlreiche Klöster, unter anderem das reiche Peterskloster,[5] und ein Jesuitenkollegium. Mit dem Einzug der Schweden floh der katholische Klerus, und der kurfürstliche Besitz wurde eingezogen. Schwedischer Statthalter wurde Herzog Wilhelm von Weimar. Er regierte wie ein Despot, legte auf Erfurt harte Steuern[6] und strebte letztendlich die Einverleibung der mainzischen Stadt in sein Territorium an. Dazu war Gustav II. Adolf jedoch nicht bereit, er überließ statt dessen der Stadt in einem Generalvertrag vom 19. Oktober 1632 alle erzbischöflichen Rechte und Besitzungen und ordnete sie sich unmittelbar unter. Damit hatte die Stadt eine Quasi-Reichsfreiheit erreicht, allerdings nicht unter dem deutschen Kaiser, sondern unter dem schwedischen König. Die Oberhäupter der Stadt leisteten ihm den Treueeid, die katholischen Institutionen, wie das Domkapitel und die Klöster sowie das Jesuitenkollegium, mussten besondere Schuldscheine unterschreiben, mit denen sie sich verpflichteten, nichts gegen die schwedische Krone und deren Verbündete und Glaubensgenossen zu unternehmen, wie „anschlägen, Praktiken, oder Wercken, heimlich oder offentlich". Solange der Krieg andauert, sollten sie dem schwedischen König hold und treu sein.[7] Als Gegenleistung wurde ihnen und ihresgleichen Schutz zugesagt, ein Versprechen, das jedoch nicht lange eingehalten wurde. Bereits während Gustav II. Adolfs Einzug in die Stadt wurden in der Nacht vom 21. zum 22. September zahlreiche der höheren katholischen geistlichen Häuser geplündert und auch viele der Klöster heimgesucht.[8] Eine Fortsetzung der Verwüstungen wurde zwar verhindert, solange der schwedische König selbst sein Quartier in Erfurt hatte, da er hier wie auch andernorts strenges Kriegsrecht hielt, aber nachdem er am 26. September 1632 seinen Siegeszug nach Süden fortsetzte, wurden die an die Katholiken gegebenen Schutzversprechen nicht länger beachtet und eine erneute und gründlichere Plünderung begann.

Der schwedische Reichskanzler Axel Oxenstierna bestätigte am 2. Januar 1633 – nach Gustav Adolfs Tod – die Privilegien.[9] Der Erfurter Rat steuerte nun einen radikal evangelischen Kurs und ging gegen die katholische Kirche vor. Die Ordensleute, namentlich die den Evangelischen verhassten Jesuiten, wurden vertrieben. Der protestantische Rat nutzte die Gelegenheit, um sich eine allgemeine Oberaufsicht über die Klöster der Stadt anzueignen. An erster Stelle wurden dafür auserwählte Vorsteher oder Verwalter eingesetzt, die sich des Klosterbesitzes bemächtigten. Herzog Wilhelm von Weimar ließ unmittelbar nach Gustav II. Adolfs Abzug im September 1632 eine Person namens Dr. Burchard als Visitator zum Benediktinerkloster auf dem Petersberg schikken, welcher für sich und für den Fürsten das ihm am wertvollsten Erscheinende wegschaffen ließ.[10] Später erhielt das Kloster durch den Erfurter Rat einen Verwalter namens Dr. Johann Hallenhorst (1602–1673).[11] Dieser war zuvor zeitweilig Oberratsmeister gewesen und behandelte als Verwalter den Besitz des Klosters wie sein Eigentum. Für sich und seine Familie bemächtigte er sich wertvoller Kleinode und Messgewänder.

Auch der schwedische Feldherr Alexander Erskein, der im Januar 1632 nach Erfurt kam und im April Wilhelm von Weimar als Statthalter von Erfurt ablöste, setzte das Zerstörungswerk fort. Als literarisch sehr interessierter Mann galt sein Augenmerk hauptsächlich der reichen und berühmten Bibliothek des Petersklosters. Aus dieser entnahm er eine Menge wertvoller Bücher (auf 300 Taler geschätzt), einschließlich der in der Orgel versteckten und mit Goldschrift geschriebenen Bibel (auf 500 Taler geschätzt).[12]

Nicht ganz so schlimm verhielt es sich bei den Kartäusermönchen. Hier wurde die Bibliothek durch Befehl des Erfurter Stadtrates im August 1634 in das Gebäude des ehemaligen Augustinerklosters gebracht.[13]

Auch die übrigen Klöster mussten beträchtliche Opfer erleiden und kamen durch Kontributionen und Plünderungen in große Not.[14] Von literarischen Schätzen, die dort geraubt worden sein sollen, wird in den Quellen nichts erwähnt. Doch ist es wenig wahrscheinlich, dass diese nicht angetastet wurden.

Viele einzelne höhere katholische Geistliche litten hart unter dem Druck der Invasion und viele fanden ihr Eigentum zerstört. Ihr Besitz wurde oft vor den Feinden an einen anderen Ort verbracht und galt somit als „verstreutes Gut", oder die Besitzer waren vor dem Feind geflohen, dann wurde ihr Eigentum als „herrenloses Gut" angesehen. In beiden Fällen war eine Beschlagnahmung laut dem damals geltenden Kriegsrecht nach Hugo Grotius rechtens. Unter den betroffenen Geistlichen war auch der katholische Bischof der Stadt, Christoph Weber. Er flüchtete und sein Haus in Erfurt wurde von Offizieren und Soldaten völlig geplündert. Neben Wein, Silberkleinodien und Kleidern wurde die Bibliothek und der Rest des Archivs geraubt. Ein Teil des Archivs war vorher nach Mainz, der damaligen Reichserzstadt, der Erfurt als Bistum unterstand, in Sicherheit gebracht worden.[15] Auch viele andere Angehörige des Domkapitels fanden ihr Haus geplündert.

Unter denen, die besonders unter dem Ungemach der feindlichen Eindringlinge zu leiden hatten, waren hier wie andernorts die Jesuiten. Das Jesuitenkollegium von Erfurt bestand seit 1619. Doch schon lange vorher, bereits im Jahr 1585, waren Jesuiten in der Stadt und bemühten sich im ständigen Kampf mit der Bürgerschaft um Duldung. Nach und nach glückte es ihnen, Fuß zu fassen, und ihre Anzahl wie auch ihr Einfluss wuchsen von Jahr zu Jahr, bis schließlich 1601 die bisherige Missionsstation zur Residenz aufstieg. Im Jahr 1611 konnte eine kleine Schule gegründet werden, die sich bis 1619 zu einem vollständigen Kollegium entwickelte.[16] Bei der Besetzung der Stadt durch die Schweden gab es im Kollegium fünfzehn Jesuiten, von denen der Rektor vier ins Eichsfeld schickte, während die übrigen blieben.[17] Gustav II. Adolf ließ 1631 den Rektor, Johann Bellinger (genannt: Bettingen)[18] zu sich bitten und hielt eine längere Ansprache, die damit endete, dass er dem Kollegium seinen Schutz zusicherte. Als Gegenleistung musste Bellinger für die Jesuiten unter Eid versichern, nichts gegen den König oder seine Verbündeten zu unternehmen. Ein entsprechender Schuldschein wurde von den Jesuiten unterschrieben.[19] Das von der Gegenseite gegebene Versprechen wurde aber auch hier nicht lange eingehalten. Nachdem der schwedische König die Stadt verlassen hatte, ließ Herzog Wilhelm von Weimar das Kollegiumsgebäude, das den Jesuiten 1615 vom Mainzer Kurfürsten und Erzbischof Johann Schweickhardt von Cronberg zur Verfügung gestellt worden war, besetzen und beschlagnahmte dort 1632 sämtliche Lebensmittelvorräte. Noch schlimmer wurde es im folgenden Jahr unter dem schwedischen Feldherrn Alexander Erskein. Die Jesuiten wurden im Juni aus dem Kollegium vertrieben.

Ein anklagender Brief an den schwedischen König brachte ihnen keine Verbesserung.[20] Am Ende des Jahres 1633 mussten sie die Stadt endgültig verlassen und konnten erst nach dem Prager Frieden 1635 zurückkehren.[21]

Die Interessen der Schweden während ihrer Besetzungszeit in Erfurt

Das Schicksal der durch die Schweden beschlagnahmten literarischen Kriegsbeute ist nicht leicht zu eruieren. Die Bücher waren nicht für den Bedarf an schwedischen Lehranstalten bestimmt und wurde daher in alle Winde zerstreut.

Ein Name, der auf ihren Spuren immer wieder hervorsticht, ist der Alexander Erskeins. Er eignete sich nicht nur wertvolle Exemplare aus der Bibliothek des Benediktinerklosters an,[22] sondern nahm auch Teile aus der Bibliothek des Jesuitenkollegiums und anderer Bibliotheken in Beschlag. In Erfurt stellte er sich den Grundstock zu einer eigenen Bibliothek und einem Archiv zusammen, den er später, an anderen Orten in Deutschland, wohin der Krieg ihn führte, noch beträchtlich vermehrte.[23] Seine Bibliothek ließ Erskein später zu seinem neuerbauten Schloss Schwinge im Herzogtum Bremen, das sein Lehen war, bringen.[24] Nach seinem Tod 1656 erstellten seine Erben 1657 bis 1658 einen Katalog über seine Bibliothek, der nach Stockholm gesendet wurde, mit der Absicht eines gewünschten Einkaufs der Sammlung durch die Königliche Bibliothek in Stockholm.[25] Im Katalog sind neben Handschriften und Archivalien auch viele gedruckte Bücher mit Erfurter Herkunft, insbesondere aus dem Jesuitenkollegium, vertreten.[26] Im Katalog finden sich unter den Archivalien einige aus Erfurt, wie z.B. „Erfurtische Sachen“ (4 Bände), „Allerhand Erfurtische Sachen“ und „Erfurtische vnd Duderstatische Sachen“. Ferner finden sich einige Erfurter Kirchenbücher, wie „Des Closters Mariae Magdalenae zu Erfurth visitationes jura zinss vnd hebungen“ und „Abschrift des grünen Buchss, darinnen das Gerichte des Erzbischoffs vnd seines Stifftes Meintz anhebet, welches Er in Erfurt hat“ sowie auch Bibliothekskataloge, wie „Erfurtensis Ecclesiae beatae Mariae Virginis librorum censuumque Registrum in membrana“ (1557), „Pragensis Arcis librorum Catalogus“ (1636) und „Zu Wien der gefundenen Schriften Verzeichniß“ (1597). Einige Handschriften seien ebenfalls erwähnt: „Anaritii expositio in primorum librorum Geometriae“ (1526), „Ex Alciato annotata in tres posteriores codicis libros“, „Alberici Henrici Hafnia Dani pericula“, „Ambrosii Hexaëmeron“, „Diogenes Cynicus“, „Erphordiana Chronica“, „In Justinianum commentarius“, „Comoedia de Naboth“, „Pappi Johannis annotationes in tres libros Johannis Schledani, de quatuor summis imperiis“, „Commentationes in physicam, in Mathematicam, Astronomicam et perspectivam, in logicam, in Arithmeticam", „Johannis Magni Gothi Upsaliensis mit welcher er in seiner Historia und schmälichen Oration die dänische Nation anzapffet Vnd caluminieret" (1560), „Toleti Franc. Casus Vnd ein Theologisch Buch de providentia", „Valentini Aethiopis promtuarium locorum Communium miscellaneorum" (1589) und „Weidmanni Enchiridion".[27] Das Angebot der Erben Erskeins an die schwedische Regierung blieb ohne Erfolg. 1683 wurde ein Teil seines Nachlasses nach einem gedruckten Katalog in Bremen versteigert.[28] Erskeins reiches Archiv wurde später in das Regierungsarchiv in Stade integriert und wurde 1867 von dort in das Staatsarchiv Hannover überführt. In der Folgezeit verteilten sich die Bestände auf verschiedene Archive in Deutschland und Österreich durch Abtretung, die übrigen Archivalien gelangten letztlich wieder in das Stader Archiv. Die Bücher und Handschriften aus Erskeins Nachlass sind völlig zerstreut.[29]

In Schweden ist ein kleiner Teil der Bücher aus der Jesuitenbibliothek Erfurts nachzuweisen. Sie gelangten erst aus zweiter Hand dorthin.[30] Der Graf Magnus Gabriel De la Gardie kaufte sie 1652 von der Witwe des dänischen Gelehrten Stephanus Johannis Stephanius. Wie die Bücher in den Besitz von Stephanius gekommen sind, lässt sich heute nicht mehr nachvollziehen.[31] Magnus Gabriel De la Gardie vermachte in seinem Testament seine Bibliothek der Universitätsbibliothek Uppsala, wodurch eine beträchtliche Anzahl von Büchern aus dem Jesuitenkollegium in Erfurt dorthin gelangte.

Der größte Teil der aus Erfurt stammenden literarischen Kriegsbeute ist niemals in schwedische Hände gelangt, da Herzog Wilhelm von Weimar wertvolle Buchbestände aus Erfurt, insbesondere die des Benediktinerklosters auf dem Petersberg, beschlagnahmt und in die Nähe von Gotha, in sein und seines Bruders Bernhard von Weimars Schloss, hatte bringen lassen. Dies ist auch der Grund, aus dem nach dem Aussterben der Familie in späterer Zeit die umfangreichen Bestände ihrer Bibliothek verstreut in verschiedene Universitäts- und Stadtbibliotheken, wie die von Gotha, Weimar, Jena, Dresden, Hannover und Hamburg gelangten.

Buchbestände mit Erfurter Provenienz in Schweden

Vom Jesuitenkollegium in Erfurt lassen sich, wie bereits erwähnt, in schwedischen Bibliotheksbeständen nicht viele Bücher nachweisen. Ein Grund hierfür ist vermutlich, dass bei der schwedischen Eroberung Erfurts der Umfang an Büchern im Jesuitenkollegium noch nicht so umfangreich war wie an anderen Orten, da die Mission zu diesem Zeitpunkt noch relativ jung war, ebenso wie ihre Buchsammlung. Der eifrigste Förderer der Jesuiten war der Weihbischof

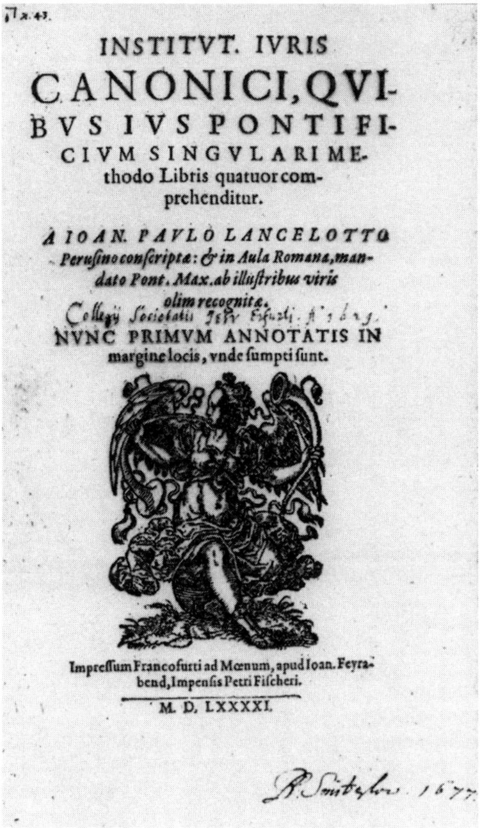
INSTITVT. IVRIS CANONICI, QVIBVS IVS PONTIFICIVM SINGVLARI METHODO Libris quatuor comprehenditur.

A IOAN. PAVLO LANCELOTTO Perusino conscripta: & in Aula Romana, mandato Pont. Max. ab illustribus viris olim recognita.

NVNC PRIMVM ANNOTATIS IN margine locis, vnde sumpti sunt.

Impressum Francofurti ad Mœnum, apud Ioan. Feyrabend, Impensis Petri Fischeri.

M. D. LXXXXI.

Abb. 3
Titelblatt mit Provenienzangaben.

Nikolaus Elgard,[32] der 1577 nach Erfurt kam und bei seinem Tod 1587 sein gesamtes Eigentum den Jesuiten hinterließ.[33] Zur Zeit Elgards drohte der katholische Glauben in Erfurt auszusterben. Alle Bemühungen Elgards, den Klerus zu reformieren, schienen fruchtlos zu bleiben.[34] Die reformfeindlichen Stiftsherren von St. Mariae beatae virginis und St. Severi intrigierten sogar mit dem Stadtrat, um dem neuen Weihbischof zu schaden. Da vom Erfurter Klerus nichts zu erwarten war, zog Elgard von auswärts junge Leute seines Vertrauens heran, die entschlossen waren, die tridentinische Theologie mutig zu vertreten. Ihre Predigten jedoch brachten Unruhe in die Bürgerschaft, und der Stadtrat schritt ein. Von allen Seiten begegnete Nikolaus Elgard Widerstand. Dennoch legte er

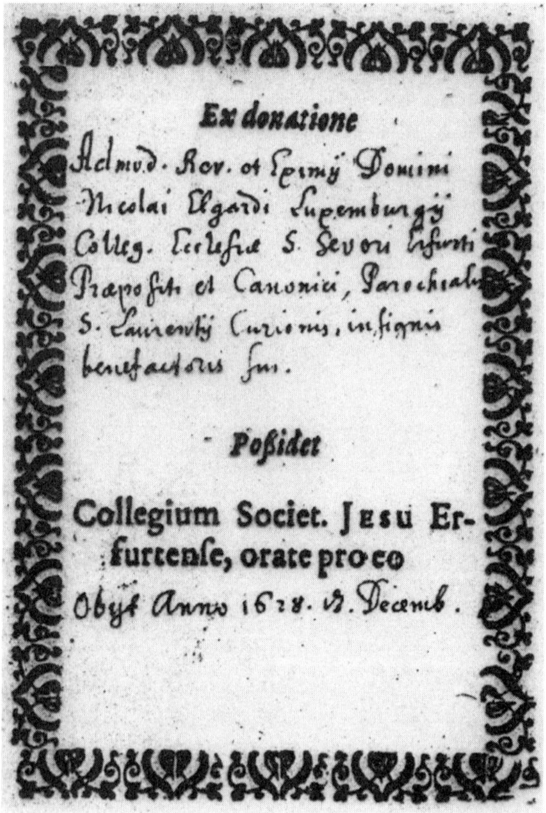

Abb. 4 Exlibris von Nicolaus Elgard, Dezember 1628.

die Fundamente der katholischen Erneuerung, auf denen, als er im August 1587 starb, weitergebaut werden konnte.[35] Ob im Nachlass Nikolaus Elgards auch Bücher waren, ist unbekannt. Sicher nachweisbar ist, dass ein Verwandter des Bischofs, der ebenfalls den Namen Nikolaus Elgard trug und 1628 als Probst der Severikirche in Erfurt starb, dem Jesuitenkollegium eine nicht unbedeutende Buchsammlung schenkte.[36] Viele der in Schweden befindlichen Bücher aus dem Jesuitenkollegium stammen aus dieser Donation.

In der Königlichen Bibliothek in Stockholm befindet sich z.B. der kleine Quartband „Lancelotti, Institutiones iuris canonici, Frankfurt a.M. 1591" (Abb. 3). Auf der Buchdeckelinnenseite ist ein handschriftliches Exlibris mit Donation angebracht, welches auf den ehemaligen ersten Besitzer des Buches Nikolaus

Abb. 5 Von Georg Kirsten verwendete Plattenstempel.

Elgard und seine Schenkung an das Jesuitenkolleg in Erfurt hinweist: „Ex donatione Admod. Rev. et Eximij Domini Nicolai Elgardi Luxemburgij Colleg. Ecclesiae S. Severi Erfurti Praepositi et Canonici Parochialis S. Laurentij Curionis, insignis benefactoris sui. Possidet Collegium Societ. Jesu Erfurtense, orate pro eo. Obijt Anno 1628. 17. Decemb“ (Abb. 4). Als zweiter Besitzvermerk befindet sich dann als handschriftlicher Eintrag auf dem Titelblatt: „Collegij Societatis Jesv Erfurti. A° 1629“ (Abb. 3). Ein späterer, dritter handschriftlicher Vermerk auf dem Titelblatt zeugt von einem schwedischen Besitzer: „R. Smiterlov 1677“ (Abb. 3).

Der Bucheinband stammt aus der Buchbinderwerkstatt von Georg Kirsten aus Erfurt und trägt die charakteristischen Plattenstempel „Justitia und Crucificus mit Bundeslade“[37] (Abb. 5).

In der Stadtbibliothek in Linköping gibt es nur ein Werk in Folioformat aus Erfurt. Es handelt sich um „J. Altenstaig, Vocabularius theologiae, Mindelheim 1517“. Auch hier befindet sich der für Jesuitenkollegien typische handschriftliche Besitzvermerk auf dem Titelblatt: „Societatis Jesv Erfurti 1617“. Ein späterer Eintrag nennt auch hier wieder einen schwedischen Besitzer: „Eric Bezelius d.ä.“

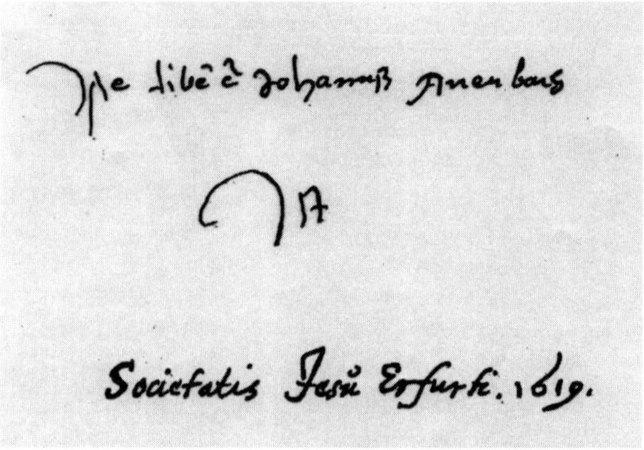

Abb. 6 Handschriftlicher Besitzvermerk von Johannes Auerbach und den Erfurter Jesuiten.

In der Universitätsbibliothek Uppsala gibt es ebenfalls mehrere Bücher aus dem Jesuitenkollegium in Erfurt. Das eine oder andere Buch stammt aus der Zeit, bevor die kleine Jesuitenschule 1619 zu einem Kollegium avancierte, wie z.B. der Folioband „Johannes Passerati, Commentarii in Catullum, Tibullum et Propertium, Paris 1608". Sie trägt den handschriftlichen Vermerk „Residentiae Societatis Jesv Erfurti 1615" auf dem Titelblatt.

Noch aus der Zeit vor der Jesuitenschule, als es nur eine Mission gab, stammt ein Folioband in der Königlichen Bibliothek in Stockholm, nämlich „Leilurgiai [griech.], Paris 1560", ebenfalls mit handschriftlichem Exlibris auf dem Titelblatt: „Liber Societatis Jesv Erfurti a° 1598".

Neben der literarischen Kriegsbeute aus dem Erfurter Jesuitenkollegium findet man in schwedischen Sammlungen auch vereinzelte Bücher, die aus den anderen Klöstern Erfurts stammen. Hier ist u.a. das Augustinerkloster zu nennen. Ob es sich dabei allerdings um Kriegsbeute aus dem Dreißigjährigen Krieg handelt, ist aufgrund der fehlenden Quellenlage nicht zu beweisen.

In der Königlichen Bibliothek in Stockholm befindet sich z.B. eine Inkunabel[38] im Quartformat, die sich heute leider in einem neuen Ledereinband präsentiert. Dadurch kann der Bucheinband für die Provenienzfindung nicht mehr herangezogen werden. Es handelt sich um „Aristoteles, Comoediae [griech.], Venedig: Aldus Manutius, 15. 7. 1498". Der handschriftliche Eintrag lautet „De bibliotheca Johannis Langi Erphurdiensis". Johannes Lang ist wahrscheinlich der Erfurter Augustinerprior, der von 1516 bis 1518 evangelischer Pastor zu Erfurt war und im Zuge der Reformation das Kloster verließ. 1525 wandelte sich die Klosterkirche zu einer evangelischen Kirche, am 30. November

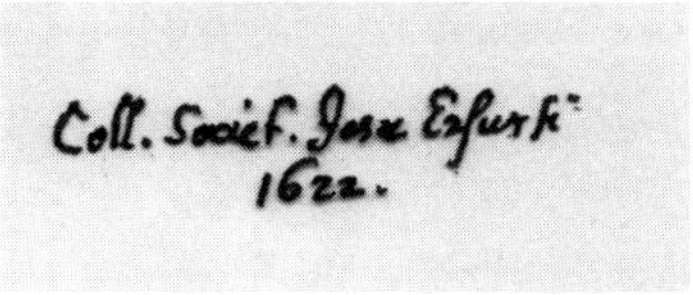

*Abb. 7 Handschriftlicher Besitzvermerk der Erfurter Jesuiten.
Diese Provenienzangabe ist ein gutes Beispiel für die allgemein üblichen Besitzvermerke der Jesuitenkollegien.*

1566 verstarb der letzte Augustinermönch Johann Wagner aus Karlstadt und das Kloster wurde vom Stadtrat übernommen. Ob der evangelische Rat der Stadt Erfurt bei der Übernahme des Klosters und seines Besitzes auch an der sich dort befindlichen katholisch geprägten Bibliothek Interesse hatte, ist eher fraglich.[39] „So dürften in jener Zeit der größte Teil der Handschriften und gedruckten Bücher verloren gegangen bzw. in alle Winde zerstreut worden sein."[40] Zwei spätere Einträge bezeugen, dass die Inkunabel nach Schweden gelangt ist, einem „P. Skunk" gehörte und später dem Universitätsrektor aus Uppsala, „Petrus F. Aurivillius Upsaliae 1789". Auf welchem Wege und wann genau sie nach Schweden kam, ist nicht zu belegen.

Aus Erfurt gibt es in Schweden noch einige wenige Inkunabeln in der Universitätsbibliothek Uppsala.[41] Dabei handelt es sich um den kleinen Folioband „Dionysius de Burgo, Commentarii in Valerium Maximum, Straßburg, s.a." Als Besitzvermerk findet sich folgende handschriftliche Eintragung auf dem Titelblatt: „Iste liber est Johaniss Auerbach". Ein weiterer späterer handschriftlicher Besitzvermerk auf dem Titelblatt zeugt von den Erfurter Jesuiten: „Societatis Jesv Erfurti. 1619" (Abb. 6). Der letzte handschriftliche Eintrag, ebenfalls auf dem Titelblatt, belegt schließlich, dass der Band schwedische Kriegsbeute war: „Ex libris Magni Gabrielis Delagardie Comitis de Leckö 1654". Magnus Gabriel De la Gardie war ein schwedischer Diplomat, Heerführer und Staatsmann. Außerdem war er Königin Christinas Günstling, was unter anderem der Grund für die Buchschenkungen aus der Königlichen Bibliothek an ihn war. Am 15. Oktober 1622 wurde er in Reval geboren. Er studierte in Uppsala, Holland und Frankreich. Im Alter von 24 Jahren war er bereits Reichsrat, Assessor im Kriegskollegium und Kriegsrat. 1651 wurde er Reichsmarschall und ein Jahr später Reichsschatzmeister. Im Dezember 1654 wurde er Kanzler der Universität Uppsala. In den folgenden Jahren nahm er an den Ostseekriegen gegen Polen und andere teil. 1680 beschloss der schwedische Reichstag, alle adligen Besitztümer zu zwei Dritteln für die Krone zu konfiszieren, wovon auch De la Gardies Besitz nicht verschont blieb. Er durfte nur noch zwei schuldenbeladene Herrensitze – Venngarn und Höjentorp – behalten, alles andere verlor er an die Krone. Am 26. April 1686 starb er in Venngarn.

In der Universitätsbibliothek in Uppsala befindet sich ein weiterer Band in Quartformat mit vier Inkunabeln:
1. „Franciscus Philelphus, Epistolarum libri XVI, Basel, s.a." Auch hier zeugt der handschriftliche Vermerk auf dem Titelblatt von den Erfurter Jesuiten: „Coll. Societ. Jesv Erfurti 1622" (Abb. 7). Auf dem inneren vorderen Buchdeckel befindet sich das charakteristische rote Wachssiegel von Magnus Gabriel De la Gardie.
2. „Paulus Niavis, Historia occisorum in Culm, Leipzig, s.a."
3. „Johannes Presbyter, De ritu et morbis Indorum, de situ et dispositione ac statu Indiae, Rom, ca. 1495–1500"
4. „Ulricus Molitor, De laniis et phitonicis mulieribus, Straßburg, ca. 1489".

Literarische Kriegsbeute aus dem Benediktinerkloster auf dem Petersberg ließ sich in schwedischen Sammlungen bisher nicht nachweisen. Die Bücher, die Alexander Erskein dort beschlagnahmt hat, sind vermutlich in deutsche Bibliotheksbestände eingegangen.[42]

Insgesamt lässt sich hinsichtlich der literarischen Kriegsbeute eine Konzentration auf süddeutsche und ostdeutsche Städte sowie auf die Bibliotheken einflussreicher Persönlichkeiten, oftmals geistlicher, das heißt katholischer, und weltlicher Fürsten feststellen.

Während der gesamten schwedischen Besetzungszeit genoss Erfurt nur den kurzen Zeitraum eines Jahres in Freiheit. Die schwedische Katastrophe von Nördlingen im September 1634 riss auch Erfurt in den Abgrund. Nach dem Prager Frieden von 1635 musste die Stadt sich bemühen, die Religionsfreiheit der Evangelischen zu retten. Kurfürst Johann Georg I. von Sachsen, nunmehr zum deutschen Kaiser übergegangen, kassierte die Schenkungen des Schwedenkönigs Gustav II. Adolfs. Die neuerliche schwedische Besetzung von 1636 bis 1650 brachte keinerlei konstruktive Pläne mehr. Erfurt unternahm noch einen letzten Versuch, zur Reichsstadt zu werden. Auf dem Westfälischen Friedenskongress[43] brachte die Stadt ihr Anliegen vor, doch für solche Pläne war Kurmainz ein zu gewichtiger Gegenspieler. Insbesondere unter dem neuen Erzbischof Johann Philipp von Schönborn (1605–1673) war Erfurt zu einem wichtigen Faktor des Friedenskongresses geworden. Auch die evangelischen Reichsstände hatten kein Interesse, mit Erfurt einen Präzedenzfall für die zahlreichen, aus den eigenen Territorien strebenden Städte zu schaffen. So agierte damals Kursachsen gemeinsam mit Kurmainz. Der Kaiser stand ohnehin auf der Seite des katholischen Erzbischofs.

Der juristische Aspekt der Bücherverschleppung durch die Schweden

Dem schwedischen König Gustav II. Adolf diente als primäre Richtlinie und Legalisierung seines Vorgehens bei der Requirierung der Buchbestände auf deutschem Boden das geltende Völkerrecht, das Hugo Grotius wenige Jahre vor dem schwedischen Eintritt in den Dreißigjährigen Krieg in seinem Werk „De jure belli et pacis" (Paris 1625) zusammengefasst hatte. Dabei handelt es sich um drei Bücher vom Recht des Krieges und des Friedens. Eine Kopie dieses allgemein anerkannten Werkes führte Gustav II. Adolf auf allen Feldzügen mit sich. Von 1634–1643 war Grotius (1583–1645) als schwedischer Gesandter in Paris und eng mit dem schwedischen Reichskanzler Axel Oxenstierna befreundet.

Der Rechtsphilosoph vertrat in seinem Werk die Auffassung, dass der Eroberung eines Territoriums die Übertragung der staatlichen Gewalt und aller Hoheitsrechte auf den Sieger folge, das heißt durch Eroberung konnte die Staatsgewalt errungen werden, wobei das Eroberte in festen Besitz übergegangen und vor feindlichen Angriffen geschützt sein musste. Dabei ging Grotius von der Gültigkeit des Waffenrechts auch noch zu Beginn des 17. Jahrhunderts aus. Auch hier galt also das Recht des Stärkeren, und der Besiegte verlor alle Ansprüche auf seine frühere Herrschaft und Stellung. Dabei galt allerdings nur das Gebiet als wirklich erobert, das von bleibenden Befestigungen so eingeschlossen war, dass der freie Zutritt des verdrängten oder geflüchteten Gegners unmöglich wurde. Im Juni 1632 bekannte sich Gustav II. Adolf in Nürnberg öffentlich zu den völkerrechtlichen Grundsätzen von Grotius. Auch nach seinem Tod hielt Axel Oxenstierna, stellvertretend für Gustav II. Adolfs Tochter und Nachfolgerin, Königin Christina, an diesen Grundsätzen für den schwedischen Staat fest.

Nun stellt sich die Frage, wie es sich mit der von den Schweden beschlagnahmten literarischen Kriegsbeute verhält. Aufgrund des erwähnten geltenden Völkerrechts bedeutete die Verfügungsgewalt über das eroberte Eigentum für Schweden keine Rechtfertigung zur Zwangseinziehung aller Privatgüter. Nur die Häuser und Besitztümer, deren rechtmäßige Besitzer geflohen waren, durften als herrenlose, das heißt heimgefallene, Caducgüter konfisziert werden. Die Schweden hatten sogar einen Aufruf an alle flüchtigen Hausbesitzer erlassen, in dem sie sie zur Vermeidung der „confiscirung ihrer habe und gueter zur stelle" zu sein aufforderten, und somit dem Postlimicum (Rückkehrrecht) von Grotius entsprochen.[44] Oxenstierna berief sich z.B. darauf, dass die herrenlosen Güter „inn und außerhalb dieser stadtt [gemeint ist Mainz] und im hiesigen ertzbisthumb gelegene gueter, häuser, höffe, mühlen, weingärten, äcker und wiesen samt ... allen zugehörigen pertinentien ... jure et facto" konfisziert werden konnten.[45] Gustav II. Adolf und Oxenstierna verschenkten „herrenlose" Häuser und die dazugehörigen Güter an die Offiziere und die Beamten, um deren Familien Wohnraum zu geben, zur Belohnung an verdienstvolle Männer und andere. Dadurch kamen die Häuser und Besitzungen geflohener erzbischöflicher Amtsträger aus Mainz in die Hände der schwedischen Führungsschicht, die von gleichem Rang war. Dies ist eine Erklärung dafür, dass viele adlige Offiziere der schwedischen Armee über diesen Weg zu deutschen Büchern kamen, die sie als Kriegsbeute nach Hause schickten, wo sie ihren Privatbibliotheken einverleibt wurden.

Wie sieht es mit Rückforderungen der verschleppten Buchbestände aus? Der bis heute einzige bekannte Rückforderungsversuch wurde von der Universität Würzburg im 19. Jahrhundert durch Anregung des Königlich bayerischen Archivbeamten Johann Samuel Klüver unternommen. Es handelte sich um den Versuch, die durch die Schweden konfiszierten Bestände der Universitätsbibliothek Würzburg zurückzufordern. Begründet wurde dieses Unternehmen mit der auf dem Westfälischen Frieden (1649) festgelegten Bestimmung für das Recht auf Rückgabe des verlorenen Besitzes. Die Verhandlungen, die in zwei Zeitabschnitten von 1823 bis 1827 und nochmals von 1842 bis 1847 andauerten, wurden in der Abhandlung des damaligen Universitätssekretärs ausführlich dargestellt: „Die Reklamation der im Dreißigjährigen Kriege nach Schweden entführten Bücher und anderer Literalien der Julius Maximilians-Universität Würzburg aktenmäßig dargestellt."[46] Das Unternehmen scheiterte, und von schwedischer Seite wurde der Besitz an alten Manuskripten und bayerischen Originalakten abgestritten, der mehrere hundert Bände umfassende Bestand des Fürstbischofs Julius Echter von Mespelbrunn hingegen offen dargelegt. Die Rückforderung war ausschließlich auf die universitären Bestände gerichtet gewesen, so dass die erwähnten Bücher von Mespelbrunn nicht von Interesse waren. Dabei wurde auch deutlich, dass die Bestimmungen des Westfälischen Friedens nach so langer Zeit nicht mehr relevant waren. Außerdem ist eine gezielte Rückforderung insofern nicht möglich, als gezielte Bestandsanfragen notwendig sind. Bis heute ist die bibliographische Erfassung der verschleppten Bücher des Heiligen Römischen Reichs Deutscher Nation in schwedischen Bibliotheken nicht ausreichend untersucht worden,[47] so dass auch aus diesem Grunde Rückforderungen nicht möglich waren und nun, nach einem so langen Zeitraum, es auch nicht mehr sind.

Rückblick

Im Hin und Her der Feldzüge waren Bücher und andere Kunst ein begehrtes, skrupellos beschlagnahmtes Beutegut. Solcher Raub stillte nicht nur die Gewinnsucht der Kriegsführenden, sondern hatte auch die gezielte Demütigung und Schwächung des Gegners zum Ziel.

Der Westfälische Frieden sah zwar erstmals eine Rückerstattung von „Archivalien, literarischen Dokumenten und anderen beweglichen Gegenständen“ vor, doch verwirklicht wurde sie nicht. Bei der ohnehin schwierigen Umsetzung aller Vereinbarungen, waren den Kontrahenten andere Punkte einfach wichtiger – besonders die teure Demobilisierung von rund 60.000 schwedischen Söldnern auf deutschem Boden. Kulturgüter-Rückerstattung war nicht der einzige hehre Grundsatz, der sich auf dem Papier schöner ausnahm als in der harten Wirklichkeit.[48]

Bei der Auseinandersetzung mit der schwedischen Epoche im Gebiet des Heiligen Römischen Reiches Deutscher Nation sind ebenso wie die Vorkriegsjahre die Jahrzehnte nach dem Westfälischen Friedensschluss 1648 von Bedeutung.[49]

Bücher hatten zur Zeit des Dreißigjährigen Krieges einen hohen Stellenwert und wurden fast wie Heiligtümer behandelt. Sie waren nicht nur privilegiertes Wissen, sondern auch Prestige-Objekte. Gerade das von Europa geographisch isolierte Schweden strebte einen kontinentalen Anschluss an. Bücher waren dabei die Wegbereiter.

Zusammenfassend kann man sagen, dass während des Dreißigjährigen Krieges eine große, bis jetzt nicht erfasste Anzahl von Buchbeständen als literarische Kriegsbeute nach Schweden gelangte, wo sie noch heute größtenteils in den Bibliotheken erhalten sind.

Aus Erfurt ist hingegen relativ wenig in schwedische Buchsammlungen gelangt. Das meiste hat deutschen Boden nie verlassen, da die deutschen Verbündeten der Schweden selbst Anteil an der Kriegsbeute nahmen.

Anmerkungen

1 Überarbeitete Fassung des Vortrags vom 30. Oktober 1998.

2 Bohumil Badura (Hg.), Der große Kampf um die Vormacht in Europa. Die Rolle Schwedens und Frankreichs. Quellen zur Geschichte des Dreißigjährigen Krieges 1635–1643. In: Documenta Bohemica Bellum Tricenale illustrantia, Bde. VI und VII, Prag 1978, 1981; hier: Bd. VI (1978).

3 Johann Heinrich von Falckenstein, Vollständige Historie von Erffurth. Teil 1–2, Erfurt 1739–40; hier: Teil 2., S. 702f.

4 Franz Schauerte, Gustav Adolf und die Katholiken in Erfurt (Schriften der Görres-Gesellschaft), Köln 1887, S. 9.

5 Benediktinerkloster auf dem Petersberg.
6 Wolfgang Huschke, Herzog Wilhelm von Weimar als Statthalter Gustav Adolfs in Thüringen und schwedischer Generalleutnant 1631–1635, Jena 1936.
7 Schauerte, Gustav Adolf (wie Anm. 4), S. 11f.
8 Ebenda, S. 8.
9 Erfurt war nicht Glied des Heilbronner Bundes und Oxenstierna zeigte, dass er ihre Rechtsfreiheit nicht hoch achtete. Dies hing mit den fortbestehenden Ansprüchen von Herzog Wilhelm von Weimar, mit Oxenstiernas eigenen Plänen und mit Überlegungen zusammen, dass ohne eine Restitution von Kurmainz kein Frieden zu erhalten wäre. Indes spielte Erfurt als zentraler Ort des Heilbronner Bundes eine große Rolle. Vgl. Johann Kretschmar, Der Heilbronner Bund, 3 Bde, Lübeck 1922.
10 Falckenstein, Vollständige Historie (wie Anm. 3), Teil. 2, S. 704.
11 Vgl. Schauerte, Gustav Adolf (wie Anm. 4), S. 57.
12 Vgl. ebenda, S. 59.
13 Vgl. ebenda, S. 60.
14 Vgl. ebenda, S. 30ff.
15 Ebenda, S. 34.
16 Bernhard Duhr, Geschichte der Jesuiten in den Ländern deutscher Zunge, Bd. I–II, T. 1–2, Freiburg im Breisgau 1907–13; hier: Bd. 1, S. 422ff.; T. 2, S. 157.
17 Ebenda, T. 2, S. 405.
18 Schauerte, Gustav Adolf (wie Anm. 4), S. 10.
19 Ebenda, S. 11.
20 Ebenda, S. 50.
21 Duhr, Geschichte (wie Anm. 16), T. 2, S. 405f.
22 Joseph Theele, Die Handschriften des Benediktinerklosters S. Petri zu Erfurt. Ein bibliotheksgeschichtlicher Rekonstruktionsversuch. In: Zentralblatt für das Bibliothekswesen (1920), Beiheft 48, S. 32.
23 Max Bär, Geschichte des königlichen Staatsarchivs zu Hannover (Mitteilungen der königlich preußischen Archivverwaltung, H. 2), Leipzig 1900, S. 49–51.
24 Max Bär, Reinhold Koser, Übersicht über die Bestände des königlichen Staatsarchivs zu Hannover (Mitteilungen der königlich preußischen Archivverwaltung, H. 3), Leipzig 1900, S. 50.
25 Oscar Harald Wieselgren, Drottning Kristinas bibliotek och bibliotekarier före hennes bosättning i Rom, Stockholm 1901 (Kungl. Vitterhets historie och antiqvitets akademiens handlingar. N.F. 13,2.), S. 74.
26 Der Katalog mit dem Titel „Förteckning öfver friherre Alexander Erskeins (d. 1656) boksamling, upprättad omkr. År 1658“, der auch Handschriften und Archivalien enthält, befindet sich heute in der Königlichen Bibliothek in Stockholm (Signatur: Cod. Holm. U. 302).
27 Christian Callmer, Königin Christina. Ihre Bibliothekare und ihre Handschriften. Beiträge zur europäischen Bibliotheksgeschichte (Acta bibliothecae Regiae Stockholmiensis, 30), Stockholm 1977, S. 131, Anm. 18.
28 Ebenda, S. 131, Anm. 19: „ΙΛΙΑΣ ΚΑΛΩΝ καί ψυχῆς ἰατρεῖον sive Bibliotheca instructissima ... dn. Alexandri liberi bar. Ab Erskin. Bremae 1683.“
29 Ebenda, S. 98.
30 Otto Walde, Storhetstidens litterära krigsbyten. Band I, Uppsala 1916, S. 169-180. Der schwedische Buchhistoriker Otto Walde ist bisher der Einzige, der mit seiner zweibändigen Dissertation das Thema der Bücherverschleppungen während des Dreißigjährigen Krieges durch die Schweden ausführlich und umfassend beschrieben hat. Seine nur noch z.T. gültigen Aussagen über die historischen Ereignisse, die hierbei wichtigen Persönlichkeiten und die Beschreibung der Bibliotheken, die während des Krieges requiriert wurden, bilden die Grundlage für weiterführende Untersuchungen, ohne dabei allerdings näher auf die Buchinhalte und -einbände einzugehen. Art und Umfang der jeweiligen Bestände werden bei Walde nicht aufgezeigt.

31 Die Erfurter Handschriften stammen aus dem Benediktinerkloster SS. Petri et Pauli (Ms. A 198) sowie aus der Kartause Salvatorberg (Cod. A 199, A 200, A 201, A 202 und A 211). Sie kamen erst am 23. Oktober 1848 durch Kauf von G. Stephens (1813–1895) in die Königliche Bibliothek Stockholm, der sie selbst vorher bei dem Antiquar H. Schmidt in Halle a. S. erworben hatte. Vgl. hierzu Paul Lehmann, Skandinavische Reisefrüchte 2. [Nordisk Tidskrift för Bok- och Biblioteksväsen 22 (1935), S. 1–24 und 103–131; hier: S. 2–20].

32 Lorenz Drehmann, Der Weihbischof Nikolaus Elgard. Eine Gestalt der Gegenreformation, Leipzig 1958, S. 43–46.

33 Walde, Krigsbyten (wie Anm. 30), Band I (1916), S. 179, Anm. 2; Ulman Weiß, Die frommen Bürger von Erfurt. Die Stadt und ihre Kirche im Spätmittelalter und in der Reformationszeit, Weimar 1988, S. 279.

34 Christian Grebner, Kaspar Gropper (1514–1594) und Nikolaus Elgard (ca. 1538–1587). Biographie und Reformtätigkeit. Ein Beitrag zur Kirchengeschichte in Franken und im Rheinland in den Jahren 1573–1576, Münster/Westf. 1982, S. 726, Anm. 48, und S. 264–299; vgl. auch S. 219–223, 544 und 547.

35 Vgl. ebenda, S. 264–299.

36 Walde, Krigsbyten (wie Anm. 30), Band I (1916), S. 179.

37 Vgl. Konrad Haebler, Rollen- und Plattenstempel des XVI. Jahrhunderts, Bd. I, II. In: Sammlung bibliothekswissenschaftlicher Arbeiten H. 41, II. Serie, H. 24, Bd. I (1928) und Bd. II (1929). Reprint Wiesbaden 1968; hier: Bd. I, S. 226, „Georgius Kirsten, Wittenberg": Platten II.: 78 x 44 mm, Justitia, „Justicie · Quis · Quis · P | | Icuram · Lumine · Cer."·(Halbfigur unter einfachem Bogen); oben im Bogen „Meisder Georgius · Kirste". Platten IV.: 76 x 47 mm, Crucificus mit Bundeslade unter einfachem Bogen, „Vita · Mihi · Christu | | S · Et · Mors · Lucrum"; über dem Querbalken „M · Georg – Kirsten"; darunter 2 Tafeln „Chris Mor | | T · Est · Et · | | Revixi V | | – T · Mortu | | Et · Vive | | Nt Ib Do | |"; darunter „1576".

38 Vgl. hierzu auch Isaak Collijn, Katalog der Inkunabeln der Königlichen Bibliothek Stockholm, Uppsala 1914.

39 Vgl. Kathrin Paasch, Die Bibliothek der Augustiner-Eremiten in Erfurt. In: Augustiniana 48 (1998), 3–4, S. 345–393; hier: S. 355.

40 Adolar Zumkeller, Handschriften aus dem ehemaligen Erfurter Augustinerkloster in der Staatsbibliothek Berlin-Preußischer Kulturbesitz. Neue Aufschlüsse über Johannes von Dorsten OSA (gest. 1481). In: Analecta Augustiniana 40 (1977), S. 223–277; hier: S. 226. Vgl. auch Paasch, Die Bibliothek (wie Anm. 39), S. 355.

41 Vgl. hierzu auch Collijn, Katalog (wie Anm. 38).

42 Vgl. die Ausführungen über Erskein im Abschnitt „Die schwedischen Interessen während ihrer Besetzungszeit in Erfurt".

43 Neben Erfurt hatten die Bischofsstädte Münster, Osnabrück, Minden, Herford und Magdeburg Gesandte auf den Kongress geschickt. Erfurt „forderte Sicherung seiner Religionsfreiheit und Reichsstandschaft, aber daß es mit dem zweiten durchdringen würde, war schon deshalb nicht zu erwarten, weil ihre Sache von dem herzoglich sächsischen Gesandten geführt wurde, der in der ersten Forderung fiel, der zweiten gar kein Interesse zeigte." Franz Dickmann, Der Westfälische Frieden, 5. Aufl., Münster 1985, S. 392. Das Standardwerk über den Westfälischen Frieden widmet der Erfurter Sache keine besondere Aufmerksamkeit.

44 Axel Oxenstierna, Rikskansleren Axel Oxenstiernas skrifter och brefvexling. Förra avdelningen, Bd. 7: 1632, Stockholm 1888, Nr. 8, S. 776.

45 Ebenda, Bd. 7–13.

46 Archiv des historischen Vereins von Unterfranken und Aschaffenburg 10 (1850), H. 2 und 3, S. 206–263.

47 Diese historische wie auch buchgeschichtliche Lücke möchte ich durch meine sich in Arbeit befindende Doktorarbeit mit dem Titel „Die schwedische Epoche im Gebiet des Heiligen Römischen Reiches Deutscher Nation 1630–1648 und die daraus resultierenden Bücher-

verschleppungen. Art und Umfang der Bücherverbringungen nach Schweden im Zuge des Dreißigjährigen Krieges sowie deren bildungshistorische, gesellschaftliche und kunstgeschichtliche Bedeutung" schließen. Ein erster Versuch erfolgte bereits mit meiner Magisterarbeit „Bücherverschleppungen während des 30-jährigen Krieges durch die Schweden (ausgewählte Beispiele). Verschleppte Bücher im heutigen Bestand von Schloß Skokloster/Schweden" (1995), geschrieben am Institut für Buchwesen des Fachbereichs Geschichtswissenschaften der Johannes Gutenberg-Universität Mainz.

48 Herbert Langer, 1648. Der Westfälische Frieden. Pax Europaea und Neuordnung des Reiches, Berlin 1994.

49 Vgl. Konrad Repgen (Hg.), Krieg und Politik 1618–1648. Europäische Probleme und Perspektiven, München 1988; Cicely Veronica Wedgewood, Der Dreißigjährige Krieg, München 1967.

Erfurter Handschriften in der Jagiellonischen Bibliothek in Krakau[1]

Mieczysław Markowski

Zur Zeit befinden sich über dreißig mittelalterliche Handschriften in der Jagiellonischen Bibliothek in Krakau, die aus Erfurt stammen bzw. deren Werke eine Affinität zum Erfurter Schulleben im Mittelalter haben. In einem kurzen Vortrag wäre es schwer, über alle diese Schriften zu sprechen. Deswegen werde ich das Thema beschränken. Ich werde nur über die Codices sprechen, die in der Zeitspanne von etwa 1340 bis 1370 entstanden sind, noch im 14. Jahrhundert direkt von Erfurt nach Krakau kamen und wichtige philosophische und logische Werke enthalten. Meine Erwägungen werden sich hauptsächlich auf zehn Handschriften konzentrieren. Der Ordnung nach sind es folgende Signaturen: 635 (entstanden 1363), 656 (1341), 698 (ca. 1362), 717 (ca. 1360), 735 (ca. 1350), 737 (in den 50er/60er Jahren des 14. Jahrhunderts entstanden), 739 (ca. 1346), 742 (ca. 1350), 753 (ca. 1362) und 798 (in den 50er/60er Jahren des 14. Jahrhunderts entstanden). Bei der Besprechung dieser Handschriften werde ich von ihrer Entstehungszeit ausgehen und auch die in den Schulen lehrenden Magistri und ihre Lehrauffassungen anführen.

Schon in der zweiten Hälfte des 13. Jahrhunderts war die didaktische Tätigkeit in Erfurt bekannt. Die Franziskaner, Dominikaner und Augustiner-Eremiten hatten hier Partikularstudien gegründet, aus denen später Provinzialstudien entstanden. In ihren Ordensstudien wirkten große Einzelpersönlichkeiten der Erfurter voruniversitären Geistesgeschichte.[2] Unter den Franziskanern war es Johannes von Erfurt, Doktor der beiden Rechte,[3] der um 1309 in dieser Stadt anwesend war. Bei den Dominikanern verweilte Meister Johannes Eckhart von Hochheim. Bei den Augustiner-Eremiten war vor 1340 der in Bologna und in Paris ausgebildete Heinrich von Friemar tätig. Sein Kommentar zur „Ethik" des Aristoteles ist noch heute in vielen europäischen Handschriften zu finden.[4]

Im 14. Jahrhundert manifestierte sich das geistige Milieu in Erfurt durch die Tätigkeit der vier Hauptschulen, die scholae superiores genannt wurden. Dazu gehörten die Stadtschulen an den Kirchen von Sancta Maria und von Sanctus Severus, die Schulen der Benediktiner des Schottenstifts und der Augustinerchorherren, anders gesagt, des Reglerstifts. Diese vier Schulen bildeten ein gemeinsames Studium Erfordense,[5] das einen rector superior hatte.[6] Nach dem Kapitelbeschluss der Schule von St. Marien aus dem Jahre 1324 sollte dieser Rektor eine Universitätsausbildung besitzen,[7] das Studium Erfordense war aber kein

Studium Generale. Obwohl in dieser Zeit schon ausreichende Grundlagen vorhanden waren, um eine Universität zu bilden, kam es dazu nicht, weil die Angelegenheit dem Rat der Stadt Erfurt und dem Erzbischof von Mainz, ihrem Landesherrn, nicht wichtig genug war.

Um die Mitte des 14. Jahrhunderts war Erfurt eine der reichsten und größten deutschen Städte. In dieser Zeit war das wissenschaftliche Niveau der Erfurter Schulen sehr hoch. Hier wirkten Lehrer, die in Paris, Oxford und Bologna studiert und akademische Grade erworben hatten. Dadurch wurde Erfurt ein Ort, in dem verschiedene intellektuelle Strömungen West- und Südeuropas zusammentrafen.[8] Der Ruf der Erfurter Schulen strahlte weit über die Grenzen des Landes Thüringen hinaus, und ihre günstige Lage trug dazu bei, dass nach Erfurt die größte Zahl der Studenten aus dem Reich kam. Auch aus den benachbarten östlichen Gebieten, vor allem Schlesien, Wartheland und Pommerellen, kamen Studenten.

Mit der Ausbreitung der Lehrtätigkeit der Erfurter Schulen wuchs auch der Bedarf an Büchern. Einige wurden von den Lehrern aus dem Ausland mitgebracht, andere wurden in Erfurt, wo seit 1200 scriptoria wirkten, hergestellt. Eine Einsicht in die schriftstellerische wissenschaftliche Tätigkeit der Erfurter Schulen des 14. Jahrhunderts geben die bisherigen Arbeiten zu diesem Thema. Genannt seien vor allem die Arbeiten von Erich Kleineidam,[9] Ludger Meier,[10] Jan Pinborg[11] und Sönke Lorenz.[12] Eine wichtige Sammlung Erfurter Handschriften aus dem 14. Jahrhundert besitzt die Jagiellonische Bibliothek in Krakau.[13] Im Folgenden sollen einige davon genauer betrachtet werden. Den Ausgangspunkt meiner Untersuchungen in diesem Bereich bildeten genaue Beschreibungen der Handschriften, die in letzter Zeit angefertigt wurden.

Der Codex 656[14] der Jagiellonischen Bibliothek in Krakau entstand am 29. November 1341[15] und enthält den Kommentar des bekannten Bologneser Averroisten Jakobs von Placentia[16] zum dritten Buch von Aristoteles' Werk „Über die Seele“[17] und einige philosophische Quästionen[18] und Sophismen,[19] die im mittelalterlichen Schulgebrauch waren. Der Kommentar Jakobs von Placentia hat große Bedeutung für die Geschichte des Averroismus in Bologna, wo dieses wichtige Werk wahrscheinlich verfasst wurde, und Erfurt, wo es vermutlich kopiert wurde. Daraus kann man folgern, dass der Averroismus schon um 1341 die Erfurter spekulative Psychologie beeinflusste. Wie der Codex 656 und andere Erfurter mittelalterliche Handschriften von Erfurt nach Krakau kamen, werde ich erst am Ende meines Referats zusammenfassend behandeln. Der erste namentlich bekannte Krakauer Besitzer des Codex 656 war Johannes aus Auschwitz, genannt der Ältere oder Beber (gest. 10. August 1482). Er studierte die artes liberales an der Krakauer Universität, wo er 1449 Magister der Philosophie und vor dem 10. Juli 1476 Doktor der Theologie wurde. Bis zu seinem Tode im

Jahre 1482 hielt er Vorlesungen in Krakau. So weit bekannt ist, war er niemals im Ausland. Er erwarb diese Handschrift also in Krakau und schenkte sie der Bibliothek der Krakauer Universitätsphilosophen.[20]

Wenigstens ein Teil der Handschrift 739[21] der Jagiellonischen Bibliothek wurde am 31. August 1346 im Schottenstift in Erfurt geschrieben, als Magister Otto von Merseburg dort Vorlesungen hielt.[22] Man kann vermuten, dass der andere ursprüngliche Teil dieser Handschrift ebenfalls in dieser Zeit im Schottenstift entstand. In ihr befinden sich achtzehn kleine Werke, quaestiones beziehungsweise notae. Sechs quaestiones aus der Naturphilosophie[23] haben Otto von Merseburg[24] zum Verfasser. Sollte Otto von Merseburg mit Otto von Werder identisch sein, was wahrscheinlich ist, dann lehrte er in Erfurt noch längere Zeit. Im Jahre 1362 taucht er in Prag auf, wo er um 1365 den Grad eines Bakkalars der Theologie erwarb. Er starb nach 1367.[25] Die anderen zehn Werke aus dieser Zeit sind anonym überliefert. Einige von ihnen sind ebenfalls Erfurter Herkunft. Von großer Bedeutung sind die „Quaestiones" zu „De substantia orbis" des Averroes.[26] Aus der inneren Analyse dieses Kommentars[27] geht hervor, dass er in Erfurt verfasst wurde.[28] Das Gleiche kann man auch über den zweiten Kommentar[29] zu „De substantia orbis" und über den Kommentar zu den ersten zwei Büchern des aristotelischen Werks „De caelo et mundo"[30] sagen.[31] Sie sind also weitere Beweise dafür, dass der Averroismus schon in den vierziger Jahren des 14. Jahrhunderts in Erfurt einen festen Boden fand. Zum ursprünglichen Teil der Handschrift 739 gehören noch vier kleine naturphilosophische Werke,[32] ein logischer Traktat[33] und zwei Quästionen über ethische Fragen.[34]

In Krakau war der Codex dem Schlesier Franz von Brieg (gest. 16. Oktober 1432) bekannt. Dieser war Anfang des 15. Jahrhunderts Dekan der Philosophischen Fakultät und übte großen Einfluss auf die Lehre an der Krakauer Universität aus.[35] Nach 1407 war die Handschrift im Besitz des Krakauer Bakkalars Nikolaus von Skotniki.[36] Aus den Glossen[37] kann man entnehmen, dass später Nikolaus von Kozłów (gest. 6. November 1443), der langjährige Magister der Philosophie und ab 1425 Doktor der Theologie, die Handschrift besaß. Mit seiner großen Büchersammlung wurde sie 1443 der Universitätsbibliothek überwiesen.

Um 1350 entstand im Erfurter Schottenstift auch der jetzige Codex 735[38] der Jagiellonischen Bibliothek, in dem einundzwanzig größere oder kleinere Werke aus dem Bereich der Logik und Naturphilosophie aufgezeichnet sind. Sechs davon wurden von dem uns schon bekannten Otto von Merseburg verfasst.[39] Die anderen Werke sind ebenfalls eng mit dem Erfurter Schulleben verbunden. Einige von ihnen entstanden in Erfurt, die anderen dienten hier zu Vorlesungen. Beachtenswert sind die Schriften aus der sogenannten alten Logik. Aus diesem Bereich haben wir sogar zwei verschiedene Redaktionen von Kommentaren. In Form von quaestiones begegnen uns Kommentare zur

„Isagoge“[40] des Porphyrios und zu den „Kategorien“[41] des Aristoteles. Die zweite Erfurter Sammlung aus dem Bereich der ars vetus wurde als expositio textus verfasst und enthält neben der „Isagoge“[42] und den „Kategorien“[43] die „Hermeneutik“[44] des Aristoteles. Außer den genannten Texten der formalen Logik beinhaltet der Codex 735 vier Traktate aus der Sprachlogik.[45] Die anderen Werke der Handschrift betreffen die Geometrie[46] und Naturphilosophie.[47] Zum zweiten Mal sind hier die Erfurter „Quaestiones super tractatum ‚De substantia orbis‘ Averrois“ enthalten.[48] Dass man sich auch mit der Kosmologie befasste, kann man aus dem vermutlich Erfurter Kommentar zum Traktat „De sphaera materiali“ des Johannes von Hollywood entnehmen.[49] Wie der Codex 739 der Jagiellonischen Bibliothek gibt auch 735 eine gute Einsicht in die didaktische Tätigkeit des Erfurter Schottenstifts um die Mitte des 14. Jahrhunderts. In Krakau gehörte diese Handschrift später dem Magister Augustin von Münsterberg, der nach den Studien in Prag und Leipzig Dekan der Philosophischen Fakultät der Krakauer Universität 1417 war und der diese Handschrift der Sammlung des Collegium Maius schenkte.[50]

Vermutlich in Erfurt wurden in den vierziger Jahren des 14. Jahrhunderts von mehreren deutschen Schreibern, vielleicht sogar Verfassern, die drei Teile der jetzigen Krakauer Handschrift 742[51] geschrieben.[52] Die vielen Anrufungen wie „Ach Maria hilf“ weisen darauf hin, dass wenigstens die größte Zahl der Texte in der Schule der Marienkirche kopiert beziehungsweise verfasst wurde. Die drei ursprünglich getrennt voneinander existierenden Teile dieser Handschrift wurden wohl erst in Krakau zusammengebunden.[53] 742 enthält einen Erfurter Kommentar[54] zu den ersten drei Traktaten der im Mittelalter bekannten Summe der Logik von Peter aus Spanien.[55] Dieser Kommentar soll auch von einem Averroisten verfasst worden sein.[56] Wie Johannes Aurifaber aus Erfurt in seinem Kommentar im Jahre 1330 trat der Autor um 1350 wieder gegen die modistische Sprachauffassung auf. In der Behandlung der Existenzweise der modi significandi haben seine Ausführungen große Übereinstimmungen mit den Auffassungen Johannes Aurifabers, der auch die „Questiones logicales“ Peters aus Spaniens kommentierte, jedoch nicht der Verfasser dieses Kommentars ist. Als Verfasser kommt auch nicht Theoderich von Erfurt in Frage.[57] Daraus folgt, dass die Anhänger sowohl des Terminismus wie auch des gemäßigten Realismus in den Jahren von 1330 bis mindestens um die Mitte des 14. Jahrhunderts gegen den extremen Realismus der Modisten in Erfurt auftraten.[58]

Die anderen achtzehn Werke, die im Krakauer Codex 742 enthalten sind, betreffen die Naturphilosophie, zu der im Mittelalter auch die spekulative Psychologie gehörte.[59] Von den größeren Erfurter Werken sind drei unvollständige Physik-Kommentare[60] zu nennen.[61] Auch in diesen sind averroistische Einflüsse zu sehen.[62] Das Gleiche kann über die Erfurter Redaktionen der Kommentare zu „De generatione et corruptione" und „De caelo et mundo" des Aristoteles gesagt werden,[63] die sich neben dem Kommentar zu den „Summulae logicales" Peters aus Spanien im zweiten Teil der besprochenen Handschrift befinden.[64]

Einen ganz ausgesprochen averroistischen Charakter haben die drei vollständigen Kommentare im dritten Teil der Handschrift. Damit sind folgende Werke gemeint: der Kommentar[65] des Theoderich von Magdeburg zum Traktat des Averroes „De substantia orbis", der Kommentar[66] des Theoderich von Erfurt zu den drei Büchern „De anima" des Aristoteles und der Kommentar[67] des italienischen Averroisten Jacobus de Placentia zum dritten Buch des gleichen aristotelischen Werks.[68]

Der Inhalt der Krakauer Handschrift 742 ist also ein wichtiges Zeugnis, dass die Schule an der Marienkirche in Erfurt in den vierziger Jahren des 14. Jahrhunderts auch ein Ort des Averroismus Bologneser Fassung war. Den Index des Inhalts der ganzen Handschrift 742 schrieb Johannes von Olkusz der Ältere,[69] der in den Jahren 1444 bis 1459 an der Facultas Artium in Krakau wirkte. Nach 1477 war diese Handschrift im Besitz Nikolaus' von Pilczas (gest. 26. Februar 1515), der als Philosoph, Arzt und Theologe an der Krakauer Universität tätig war. Die jetzige Krakauer Handschrift 737[70] steht in Verbindung mit den philosophischen Strömungen, die in den Erfurter Hauptschulen in den fünfziger und sechziger Jahren des 14. Jahrhunderts herrschten. Sie wurde später aus vier Teilen zusammengesetzt.[71] Im ersten Teil befinden sich averroistische Werke aus dem Bereich der spekulativen Psychologie. Zwei von ihnen sind mit den Pariser Averroisten Hugo von Traiecto[72] und Johannes von Janduno[73] verbunden. Hinzu kommt der Kommentar des Rektors der Marienschule, Magister Theoderichs von Erfurt zum dritten Buch des aristotelischen Traktats „Über die Seele".[74]

Auch im vierten Teil von 737 sind Averroistische Texte vorhanden.[75] Es sind zwei verschiedene Fassungen der Kommentare des Bologneser Averroisten Matthäus von Eugubio zu den drei Hauptwerken der alten Logik.[76] Die Kommentare sowohl aus dem Bereich der Psychologie wie auch aus dem Gebiet der Logik sind wieder ein Beweis dafür, dass der Pariser und Bologneser Averroismus noch in den fünfziger Jahren des 14. Jahrhunderts in Erfurt herrschte.

Im zweiten und dritten Teil dagegen kommen schon Schriften der Hauptvertreter des Pariser Terminismus vor. Es handelt sich hierbei um einen Kommentar des Begründer dieser philosophischen Richtung, Johann Buridan,[77] zu Aristoteles' kurzen Schriften mit psychologischem und naturphilosophischem Inhalt. Von seinem berühmten Schüler, Albert Rickmersdorf aus Sachsen, der am Anfang der sechziger Jahren des 14. Jahrhunderts sogar kurz in Erfurt lehrte, haben wir den Kommentar[78] zu „De caelo et mundo" von Aristoteles.[79] Aus diesem kann man entnehmen, dass es den Terminismus buridanischer Prägung im dritten Viertel des 14. Jahrhunderts in Erfurt gab. Der dritte Teil der Handschrift mit dem Kommentar Buridans stammt aus dem letzten Viertel des 14. Jahrhunderts und wurde vermutlich erst in Krakau angefügt.

Man kann überhaupt vermuten, dass die vier Teile als separate Stücke nach Krakau gebracht und erst hier zusammengebunden worden sind. Nicht nur die Kommentare der buridanischen Schule, sondern auch ein Kommentar des Averroisten Matthäus von Eugubio wurden bald an der Krakauer Universität benutzt. Der erste greifbare Krakauer Besitzer von 737 war Johannes Beber von Auschwitz, der sie wie die Handschrift 658 der Universitätsbibliothek überwies. Magister Heinrich von Erfurt, den man wohl mit Heinrich von Wesel identifizieren kann, lehrte in Erfurt in der Zeitspanne von 1340 bis 1362.[80] Er war Averroist.[81] Aus seinem Kommentar[82] zur „Physik" des Aristoteles, der zur Zeit im Codex 182/66[83] aufbewahrt wird, kann man entnehmen, dass er an der Schule des Heiligen Severus in Erfurt wirkte.[84] Diese Handschrift kam nicht direkt von Erfurt nach Krakau.

Auch der jetzige Codex 798[85] der Jagiellonischen Bibliothek gibt uns Einsicht in die didaktische Tätigkeit der Schule beim Heiligen Severus in Erfurt. Er entstand wenigstens teilweise schon Ende der fünfziger Jahre des 14. Jahrhunderts. Zwei Werke aus ihm, der Kommentar zum ersten und dritten Buch des aristotelischen Traktats „Über die Seele"[86] und der Kommentar zu „De interpretatione"[87] des Aristoteles, wurden einem Magister Hermann zugeschrieben, der als Lektor in der Schule an der Kirche des Heiligen Severus wirkte.[88] Man darf annehmen, dass dieser mit Hermann von Winterswijk identisch ist. Am 30. April 1361 war der Diözesangeistliche perpetuus vicarius und canonicus der Marienkirche in Erfurt. Von Schriften des Codex 798, deren Autoren bekannt sind, ist noch der Kommentar[89] des Johannes von Erfurt zum porphyrianischen Traktat „Isagoge" zu nennen, der sich auf ein ähnliches Werk des schon früher erwähnten Ottos von Merseburg stützt. Unter den anonymen Werken der Handschrift sind ebenfalls einige, die in Erfurt benutzt wurden.[90] Dies beweisen auch die späteren Glossen. Keiner der Besitzer dieser Handschrift ist bekannt.

Hermann von Winterswijk (gest. nach dem 4. August 1379) wurde später, in den frühen sechziger Jahren des 14. Jahrhunderts, Regens der Schule des Augustinerchorherrenstiftes in Erfurt.[91] Dies lässt sich aus dem Krakauer Codex 698 entnehmen,[92] der vor 1361 dort entstand. Er enthält zwei verschiedene Kommentare Hermanns von Winterswijk zu „De generatione et corruptione" des Aristoteles.[93] Der erste Besitzer dieser Erfurter Handschrift ist nicht bekannt. Sie blieb in Erfurt, als Hermann von Winterswijk die Stadt verließ. Am 30. April 1361 las er als Magister actu regens an der Artistenfakultät in Prag. Vor dem 28. Dezember 1362 wurde er auch Domherr der Breslauer Kirche.[94] An der Prager Universität studierte er Theologie. Als Karl IV. das Kollegium gründete, wurde er dessen Mitglied. Den Doktorgrad in der Theologie erwarb er erst im Jahre 1376. Um die Mitte des 15. Jahrhunderts war die Krakauer Handschrift 698 im Besitz des Magisters Martin von Przemysl. Nach seinem Tode im Jahre 1460 kam sie in die Bibliothek der Krakauer Universität.[95]

Der Krakauer Codex 717[96] ist eine wichtige Quelle für den Logikunterricht in Erfurt. Er enthält acht Werke aus der formalen Logik, die an einer der Erfurter Schulen um 1360 vorgetragen wurden. Dabei sind zwei verschiedene Erfurter Kommentare zu drei Hauptwerken der alten Logik, nämlich zur „Isagoge" des Porphyrios, zu „Praedicamenta" und „De interpretatione" des Aristoteles, zu erwähnen. Die eine Sammlung dieser Kommentare ist in Form der Erläuterung des Textes verfasst.[97] Die andere Sammlung bilden quaestiones zu den drei erwähnten Werken.[98] Von größerer Bedeutung ist der Erfurter Kommentar zum Traktat „De consequentiis" des Thomas von Sutton.[99] Das Gleiche kann über den Erfurter Kommentar zum Traktat „De arte obligatoria" des Roger Swineshed gesagt werden.[100] Wie die vorher erwähnten Handschriften, so kam auch der Codex 717 von Erfurt nach Krakau. Er gehörte später dem Schlesier Nikolaus von Glogau, der 1403 an der Krakauer Universität den Grad eines Magister artium erreichte und 1408 noch dozierte.[101] Danach ging er nach Erfurt, wo er vor 1416 eine Burse für arme Studenten gründete.[102]

Das Manuskript, das jetzt die Signatur 635[103] der Jagiellonischen Bibliothek trägt, wurde im August[104] und September[105] 1363 vollständig in Erfurt geschrieben. In diesem Codex befindet sich an erster Stelle der Kommentar[106] des Nikolaus von Oresme zur „Physik" des Aristoteles. Es ist ein seltener Kommentar, der nur in drei handschriftlichen Überlieferungen bekannt ist[107] und der ein wichtiges Zeugnis dafür ist, dass die neue Physik in dieser Zeit in Erfurt vorgetragen wurde. Der Kommentar[108] Albert Rickmersdorfs von Sachsen zu „Meteora" des Aristoteles ist ein weiterer Beweis für das Vorhandensein des Pariser Buridanismus, der sich als Terminismus und Reismus manifestierte, in Erfurt. Der erste greifbare Vertreter dieser philosophischen Richtung in Erfurt war Magister Themo Judeus von Münster, der schon um 1350 in der Schule des Schottenklosters wirkte.[109] Im Krakauer Codex 635 befindet sich auch der Kommentar[110] des Magisters Rudolf von Erfurt zu Aristoteles' Traktat „De anima". Andere kleine philosophische Werke,[111] die in diesem Codex vorkommen, sind mit dem Erfurter Schulleben eng verbunden. Es ist nicht ausgeschlossen, dass die Krakauer Handschrift 635 wie die oben erwähnten Codices auch direkt von Erfurt nach Krakau gebracht wurden. An der Wende vom 14. zum 15. Jahrhundert war Nikolaus von Gorzków Besitzer dieser Handschrift. Als er zum Bischof in Wilno ernannt wurde, nahm er sie nicht mit. Nach seinem Tode im Jahre 1414 wurde sie der Sammlung des königlichen Kollegs überwiesen.[112]

Der erste Teil der jetzigen Krakauer Handschrift 753[113] steht ebenfalls in engster Beziehung mit dem Erfurter Schulleben aus der Zeit um 1360. Es ist aber nicht bekannt, aus welcher Schule er stammt. In ihm befindet sich eine weitere Abschrift des Kommentars[114] Rudolfs von Erfurt zu Aristoteles' „De anima". In enger Verbindung mit dem erwähnten Kommentar stehen die „Quaestiones de intellectu".[115] Auch der zweite Teil der Krakauer Handschrift 753 ist Erfurter Herkunft. In ihm befindet sich ein Kommentar zu „Meteora" des Aristoteles[116] und einige „Quaestiones de philosophia".[117] Man kann nicht feststellen, aber auch nicht ausschließen, dass diese zwei Teile wie die bisher erwähnten Handschriften direkt von Erfurt nach Krakau gebracht wurden.

Der dritte Teil der Krakauer Handschrift 753 entstand dagegen in Prag.[118] Er enthält Kommentare Johannes Buridans zur „Isagoge"[119] des Porphyrios, zu „Praedicamenta"[120] und „De interpretatione"[121] des Aristoteles. Dieser Teil der Krakauer Handschrift 753 ist von Prag nach Krakau gekommen. Es ist nicht ausgeschlossen, dass er erst hier mit den beiden ersten Teilen zusammengebunden wurde. Der erste namentlich bekannte Besitzer dieser Handschrift war auch in diesem Fall Johannes Beber aus Auschwitz, auch sie ging von ihm an die Bibliothek der Krakauer Universität über.[122]

Außer den genannten Handschriften gibt es natürlich noch andere Codices, die eine Affinität zum Schulleben und zu den philosophischen Strömungen in Erfurt zeigen. Da diese Manuskripte nicht direkt von Erfurt nach Krakau kamen, wurden sie nicht in diese Darstellung einbezogen.

Die erwähnten Handschriften, die in Erfurt in den Jahren von etwa 1340 bis etwa 1370 entstanden, wurden zwar von mehreren Leuten benutzt, besitzen aber keine älteren Besitzvermerke. Man kann vermuten, dass diese Handschriften ursprünglich zu einer privaten Sammlung gehörten. Sie wurden von einem Mann gekauft, der einerseits ein besonderes Interesse für Philosophie hatte und andererseits entsprechend reich war, dass er sich solche Schulhandschriften kaufen konnte. Der Aufenthalt dieses Philosophen in Erfurt beschränkte sich nicht nur auf das Studium. Allem Anschein nach dozierte er auch in einer der Erfurter Schulen. Da er Werke fremder Autoren nicht vortragen wollte, begann er, eigene philosophische und logische Abhandlungen zu schreiben. Dazu brauchte er eine eigene größere Sammlung von philosophischen Werken, die die wichtigsten doktrinalen Strömungen enthielten.

Die bisherigen Analysen dieser philosophischen Schriften zeigen, dass der Averroismus in den vierziger, fünfziger und sechziger Jahren des 14. Jahrhunderts in Erfurt eine bedeutende Rolle spielte. Er kam sowohl aus Bologna wie auch aus Paris. Aus einigen philosophischen Werken, die in mehreren dargestellten Handschriften vorkommen, kann man entnehmen, dass der buridanische Terminismus und Reismus nach der Mitte des 14. Jahrhunderts in Erfurt eingeführt wurde. In doktrinaler Hinsicht wurde den Studierenden eine Wahl zwischen der averroistischen realistischen und der buridanischen terministischen

Strömung geboten. Obwohl beide Orientierungen sich auf die Werke des Aristoteles stützten, waren die Anhänger des Averroismus Vertreter des Traditionsbewusstseins und die Terministen die Träger des Fortschrittsbewusstseins. Für diese beiden philosophischen Hauptströmungen entstanden in Erfurt Synthesen. Jede von ihnen kam auf vierundzwanzig Werke. Die Synthese der terministischen Logik, der spekulativen und der praktischen Philosophie verkörperte Magister Heinrich Totting von Oyta, der mit seinen Anhängern später nach Prag ging. Eine Synthese des gemäßigten Averroismus schuf dagegen ein gewisser Peter von Polen, den ich mit Peter von Radolin aus dem Wartheland identifiziere.[123] Seine Synthese stützte sich vor allem auf die Texte des Aristoteles in der Darstellung von Averroes.[124] Sie sollte sogar die „via communis", den gemeinsamen Weg in der Philosophie der Erfurter Schulen bilden.[125] Um diese Synthese von vierundzwanzig Werken zu schreiben, brauchte Peter eine entsprechende Büchersammlung. Diese hatte er natürlich in Erfurt. Einige Handschriften kaufte er für sich selbst. Diese nahm er mit, als er heimkehrte und sich später in Krakau niederließ. Es ist schwer festzustellen, ob die Handschriftensammlung Peter Wysz' für die studierende Öffentlichkeit zugänglich war, als er in der Zeit von 1392 bis 1412 Bischof in Krakau war. Man kann nur feststellen, dass sein Freund, Nikolaus von Gorzków, den Codex 635 benutzte. Als Peter aus Anlass eines Streites mit König Wladislaus plötzlich nach Posen versetzt wurde, ließ er seine Erfurter Handschriften in Krakau. Dies betrifft nicht nur die philosophischen Werke, sondern auch die formularia, formulae ad ius canonicum spectantes, statuta, Briefe usw., die sich in der Handschrift 326 der Jagiellonischen Bibliothek befinden.[126] Da in jener Zeit noch keine Universitätsbibliothek existierte, kreisten die Handschriften Peter Wysz' unter den Krakauer Philosophen, die damals an der Universität lehrten. Da ihre ersten Benutzer wussten, welcher Herkunft sie waren, haben sie keine Besitzvermerke gemacht. In einigen Fällen geschah dies später. Obwohl in der ersten Hälfte dieses Jahrhunderts an der Krakauer Universität der buridanische Terminismus und Reismus herrschte, gibt es den Beweis dafür, dass einige einmalige, aus Erfurt stammende Werke schon im ersten Viertel des 15. Jahrhunderts benutzt wurden.

Benedikt Hesse, der den Grad eines Magister artium 1415 an der Krakauer Universität erwarb, verfasste unter anderem einen Kommentar zu den Hauptwerken der alten Logik. In seinem Kommentar zu „Praedicamenta", der uns durch eine handschriftliche Überlieferung aus dem Jahre 1423 bekannt ist,[127] zitiert er mehrmals ein entsprechendes Werk von Matthäus von Eugubio, das nur in einer einzigen Überlieferung erhalten blieb. Es befindet sich im Krakauer Codex 737.[128] In der Krakauer Überarbeitung des Kommentars von Benedikt Hesse aus dem Jahre 1428 wurden die Zitate des Bologneser Averroisten Matthäus von Eugubio schon eliminiert.[129]

Interesse fanden einige averroistische Werke aus den Erfurter Handschriften erst wieder in der zweiten Hälfte des 15. Jahrhunderts, als die realistische Philosophie den buridanischen Terminismus in Krakau überwand. Die Tatsache, dass Andreas Ruczel von Koscian aus Wartheland einen Kommentar zu „De anima" des Aristoteles unter dem Einfluss des Averroes schrieb und dass der um 1320 in Erfurt entstandene Kommentar des Theodoricus von Oppeln im Jahre 1451 in Krakau wieder kopiert wurde,[130] ist also kein Zufall, sondern ein Beweis des Einflusses der Erfurter Philosophie des 14. Jahrhunderts.

Aus dem Obigen geht mithin hervor, dass schon im 14. Jahrhundert eine kulturelle Brücke zwischen Erfurt und Krakau gebaut wurde. Dies geschah zuerst durch einige Studenten aus Schlesien, dem Wartheland und Pommerellen, die vor der Entfaltung der vollen Lehrtätigkeit der Prager Universität, also vor 1366, zum Studium nach Erfurt kamen. Das Ergebnis ihres Aufenthaltes in den Erfurter Hauptschulen waren nicht nur die erworbenen Kenntnisse, sondern auch die mitgebrachten Codices. Die in diesen Handschriften enthaltenen Werke sind ein dauerhaftes Zeugnis der frühen kulturellen Beziehungen zwischen Erfurt und Krakau.

Anmerkungen

1 Leicht überarbeitete Fassung des Vortrags vom 27. November 1998. Abkürzungen: JBK: Jagiellonische Bibliothek Krakau, StuRBE: Stadt- und Regionalbibliothek Erfurt.

2 Erich Kleineidam, Universitas Studii Erfordensis. Überblick über die Geschichte der Universität Erfurt, Teil 1: Spätmittelalter 1392–1460, Leipzig 1985, S. VIII.

3 Ludger Meier, Die Barfüßerschule zu Erfurt, Münster 1958, S. 11f., 42f., 61, 66, 69.

4 Charles H. Lohr, Medieval Latin Aristotle Commentaries. In: Traditio XXIV (1968), S. 221–222.

5 Sönke Lorenz, Studium Generale Erfordense. Zum Erfurter Schulleben im 13. und 14. Jahrhundert, Stuttgart 1989, S. 1–58.

6 Meier, Die Barfüßerschule (wie Anm. 3), S. 13.

7 Ebenda, S. 14.

8 Mieczysław Markowski, Die philosophischen Anschauungen und Schriften des Peter Wysz von Polen, Lublin 1992, S. 9–18.

9 Kleineidam, Universitas Studii Erfordensis (wie Anm. 2).

10 Meier, Die Barfüßerschule (wie Anm. 3).

11 Jan Pinborg, The 14th Century Schools of Erfurt. Repertorium Erfordense. In: Cahiers de l'Institut du Moyen-Age Grec et Latin XLI (1982), S. 171–192.

12 Lorenz, Studium (wie Anm. 5), S. 161–328.

13 Eine mittelalterliche Handschrift mit Erfurter Werken befindet sich in der Bibliothek der Polnischen Akademie der Wissenschaften in Krakau. Vgl. Mieczysław Markowski, Die philosophischen Schriften und Anschauungen Heinrichs Bakels von Diest. In: Studia Mediewistyczne XXXI (1994), S. 105–109.

14 JBK, cms 656, 1341, chart., cm 30,5 x 21,5, f 33+III. Vgl. Maria Kowalczyk [u.a.], Catalogus codicum manuscriptorum medii aevi Latinorum qui in Bibliotheca Jagellonica Cracoviae asservantur, Bd. 4, Wratislaviae 1984, S. 417.

15 „Explicit super 3° ‚De anima' a magistro Iacobo Bononie de Placencia recollectum, completum anno Domini M°C°C°C°XL°I in vigilia sancti Andree Apostoli etc." (JBK, cms 656, f. 33r).

16 Charles H. Lohr, J[acobus] de Placentia. In: Lexikon des Mittelalters, Bd. 5, München/Zürich 1989, Sp. 260–261; Zdzisław Kuksewicz, Le commentaire sur le „De anima" de Jacobus de Placentia dans les manuscrits de la Bibliothèque Jagellonne 656, 742. In: Paul Wilpert (Hg.), Die Metaphysik im Mittelalter. Ihr Ursprung und ihre Bedeutung, Berlin 1963, S. 475–480; ders., Le commentaire du „De anima" d'un averroiste bolonais, Jacobus de Placentia. In: Rivista di Filosofia Neo-Scolastica 1 (1963), S. 1–20; ders., Les oeuvres manuscrites d'un averroïste de Bologne, Jacobus de Placentia. In: Rivista di Filosofia Neo-Scolastica 2 (1963), S. 211–216.

17 Jacobus de Placentia, Lectura cum quaestionibus super librum III „De anima" Aristotelis (JBK, cms 656, f. 1r–18v, 20r–33r).

18 Quaestio (JBK, cms 656, f. 33v).

19 Quaestio cum sophismate (JBK, cms 656, f. 19r-v).

20 „Legatus per magistrum Iohannem de Oswyaczym, profesorem in theologia pro libraria artistarum" (JBK, cms 656, f. IIr).

21 JBK, cms 739, circa 1346, chart., cm 28,5 x 19,5, f. 158+VIII. Vgl. Maria Kowalczyk [u.a.], Catalogus codicum manuscriptorum medii aevi Latinorum qui in Bibliotheca Jagellonica Cracoviae asservantur, Bd. 5, Wratislaviae 1993, S. 256.

22 JBK, cms 739, f. 116v. Vgl. Jan Pinborg, Neues zum Erfurter Schulleben des XIV. Jahrhunderts nach den Handschriften der Jagiellonischen Bibliothek zu Krakow. In: Bulletin de Philosophie Médiévale XV (1973), S. 148–150.

23 Otto de Merseburg, Quaestio de vacuo (JBK, cms 739, f. 9r–17r); ders., Quaestio de potentiis activis (JBK, cms 739, f. 17r–28v); ders., Quaestio de motibus circularibus (JBK, cms 739, f. 28v–38r); ders., Quaestio de motu (JBK, cms 739, f. 38v-46v; ders., Quaestio de reactionibus (JBK, cms 739, f. 47r–54v); ders., Quaestio de proportionibus (JBK, cms 739, f. 54r–72r).

24 Pinborg, The 14th Century Schools (wie Anm. 11), S. 179–180.

25 In der Bibliotheca Amploniana befinden sich auch Werke Ottos von Merseburg. Zu nennen ist ein Codex, der die „Expositio libri ‚Complexionum' Pseudo-Aristotelis" enthält (StuRBE CA 2°337a, f. 53va–62vb). Vgl. Mieczysław Markowski, Repertorium commentariorum medii aevi in Aristotelem Latinorum quae in Bibliotheca Amploniana Erffordiae asservantur, Wrocław 1987, S. 142–143, 335. In der Handschrift StuRBE CA 4°110 befinden sich Kopien der Werke Ottos von Merseburg, die in den Handschriften 739 und 735 vorkommen. Vgl. Lorenz, Studium (wie Anm. 5), S. 281–287.

26 Zdzisław Kuksewicz, Repertorium codicum Averrois opera Latina continentium qui in bibliothecis Polonis asservantur. In: Mediaevalia Philosophica Polonorum IV (1959), S. 31–32.

27 Quaestiones Erffordenses super tractatum ‚De substantia orbis' Averrois (JBK, cms 739, f. 74r–91r). Im Vergleich zum Text JBK, cms 735, f. 109r-116v fehlen die drei letzten Quästionen.

28 Großen Zweifel erweckt die Behauptung Kuksewiczs, der versucht zu beweisen, dass ihr Verfasser Theoderich von Erfurt sei. Vgl. Zdzisław Kuksewicz, Un nouveau témoignage de l'averroïsme à Erfurt. In: Mediaevalia Philosophica Polonorum XXVIII (1986), S. 27–32.

29 Expositio tractatus ‚De substantia orbis' Averrois (JBK, cms 739, f. 92r–103v, 116r–v, 103v–115r).

30 Quaestiones super I–II libros ‚De caelo et mundo' Aristotelis (JBK, cms 739, f. 117r–156r). Ein Verzeichnis der Quästionen zu diesem Werk befindet sich auf f. 158v.

31 Zdzisław Kuksewicz, One More Erfurt Averroistic Commentary? In: Olaf Pluta (Hg.), Die Philosophie im 14. und 15. Jahrhundert, Amsterdam 1988, S. 353–371.

32 Tractatus de sex inconvenientibus (JBK, cms 739, f. 1r–8v); Notae de maximo et minimo (JBK, cms 739, f. 46v); Nota de quinta essentia (JBK, cms 739, f. 116v); Nota de quadruplici notitia (JBK, cms 739, f. 158v).

33 De suppositionibus terminorum (JBK, cms 739, f. 72v–73v).

34 Nota de gratia et libero arbitrio (JBK, cms 739, f. 91v); Quaestio de militum et sacerdotum meritis (JBK, cms 739, f. 116v).

35 Franz von Brieg schrieb das Inhaltsverzeichnis: „Questiones ‚Phisicorum', questiones ‚De substancia orbis', questiones ‚De celo et mun[do]' " (JBK, cms 739, auf der inneren Seite des vorderen Einbandes).
36 „Liber Nicolai de Scotniki, arcium baccalarii" (JBK, cms 739, f. lr).
37 Nicolaus de Kozłow Notae de mixto (JBK, cms 739, f. 157v).
38 JBK, cms 735, circa 1350, chart., cm 29,5 x 20,5, f. 182+II; Vgl. Kowalczyk, Catalogus (wie Anm. 21), S. 229–236.
39 Otto de Merseburg, Quaestio de potentiis activis (JBK, cms 735, f. 1r–10r). In dieser handschriftlichen Überlieferung fehlt das Ende, der ganze Text befindet sich in JBK, cms 739, f. 17r–28v; ders., Quaestio de reactionibus (JBK, cms 735, f. 10r–14r, 41r–42r), der gleiche Text kommt in JBK, cms 739, f. 47r–54v vor; ders., Quaestio de proportionibus (JBK, cms 735, f. 42r–52v), vgl. denselben Text in JBK, cms 739, f. 55r–72r; ders., Quaestio de motibus circularibus (JBK, cms 735, f. 62v–70v), vgl. diesen Text in JBK, cms 739, f. 28v–38r; ders., Quaestio de motu (JBK, cms 735, f. 73r–79v), ohne den letzten Teil, der ganze Text kommt in JBK, cms 739, f. 38v–46v vor; ders., Quaestio de vacuo (JBK, cms 735, f. 79v–86v), der identische Text befindet sich in JBK, cms 739, f. 9r–17r.
40 Quaestiones super librum „Isagoges" Porphyrii (JBK, cms 735, f. 17r–26); vgl. Mieczysław Markowski, Komentarze do „Isagogi" Porfiriusza z Tyru zachowane w średniowiecznych rękopisach i inkunabułach Biblioteki Jagiellońskiej [Commentaries on Porphyry of Tyros's „Isagoge" preserved in the Medieval Manuscrits of the Jagiellonian Library]. In: Materiały i Studia Zakładu Historii Filozofii Starożytnej i Średniowiecznej IX, seria A: Materiały do Historii Filozofii Średniowiecznej w Polsce (1968), S. 27, 55, 57, 60-61.
41 Quaestiones super librum „Praedicamentorum" Aristotelis (JBK, cms 735, f 26v–39r); vgl. Mieczysław Markowski [u.a.], Repertorium commentariorum medii aevi in Aristotelem Latinorum quae in Bibliotheca Jagellonica Cracoviae asservantur, Wrocław 1974, 5.293.
42 Expositio libri „Isagoges" Porphyrii (JBK, cms 735, f. 117–128v). Der Anfang dieses Kommentars befindet sich noch auf f. 40r.
43 Expositio libri „Praedicamentorum" Aristotelis (JBK, cms 735, f. 128v–146r).
44 Expositio I–II librorum „De interpretatione" Aristotelis (JBK, cms 735, f. 128v–146r). Vgl. Mieczysław Markowski, Burydanizm w Polsce w okresie przedkopernikańskim, Wrocław [u.a.] 1971, S. 284, 293, 300.
45 Sophisma (JBK, cms 735, f. 16r); Quaestiones super tractatum „De suppositionibus" Thomae Maulfelt (JBK, cms 735, f. 54r–62r), vgl. Pinborg, Neues (wie Anm. 22), S. 148; eine vermutlich Erfurter abbreviatio der „Insolubilia" von Thomas Bradwardine (JBK, cms 735, f. 179r–180v), vgl. Markowski, Burydanizm (wie Anm. 44), S. 338; De suppositionibus (JBK, cms 735, f. 181r–v).
46 Quaestio de triangulo (JBK, cms 735, f. 70v–72r); vgl. Kowalczyk, Catalogus (wie Anm. 5), S. 231.
47 Quaestiones super librum VI „Physicorum" Aristotelis (JBK, cms 735, f. 87r–98v, 107r–108r, f. 99–100), vgl. Markowski, Repertorium (wie Anm. 41), S. 51; Quaestiones de maximo et minimo (JBK, cms 735, f. 101r–106v).
48 JBK, cms 735, f. 109r–116v. In dieser Handschrift fehlen die drei letzten quaestiones. Der vollständige Text befindet sich in JBK, cms 739, f. 74r–91r. Vgl. Kuksewicz, Un nouveau (wie Anm. 28), S. 27–31.
49 Expositio tractatus „De sphaera materiali" Ioannis de Sacro Bosco (JBK, cms 735, f. 163r–177r).
50 „Q[uestiones] veteris artis cum questionibus supposicionum, cum questionibus ‚De substantia orbis' et aliis questionibus extravagantibus et cum commento veteris artis date Collegio per magistrum Augustinum de Monsterberg" (JBK, cms 735, auf dem Vorderdeckel).
51 JBK, cms 742, Lat., circa 1350, chart., cm 29,5 x 20,5, f. 208+1.
52 Kowalczyk, Catalogus (wie Anm. 21), S. 268–277.
53 Den ersten Teil der Handschrift 742 der Jagiellonischen Bibliothek bilden die folia 1 bis 89, den zweiten die folia 90 bis 147 und den dritten die folia 148 bis 208.
54 JBK, cms 742, f. 130ra–141v.a

55 Jan Pinborg, Anonymi „Quaestiones in tractatus" Petri Hispani I-III traditas in codice Cracoviensi 742 (anno fere 1350). In: Cahiers de l'Institut du Moyen-Age Grec et Latin XLI (1982), S. 5–170.

56 Pinborg, Neues (wie Anm. 22), S. 150f.; vgl. ders., A note on some theoretical concepts of Logic and Grammar. In: Revue Internationale de Philosophie CXIII (1975), S. 286–296; ders., Die Logik der Modistae. In: Studia Mediewistyczne XVI (1975), S. 39–97; ders., Speculative Grammar. In: Norman Kretzmann [u.a.], The Cambridge history of later medieval philosophy. From the rediscovery of Aristotle to the disintegration of scholasticism, 1100–1600, Cambridge 1982, S. 254–269.

57 Pinborg, Neues (wie Anm. 22), S. 146–151.

58 Markowski, Die philosophischen Anschauungen (wie Anm. 8), S. 12.

59 Kowalczyk, Catalogus (wie Anm. 21), S. 268–277.

60 Quaestiones super I–VI libros „Physicorum" Aristotelis (JBK, cms 742, f. 1r–63r). Dieser Kommentar zu den ersten zwei Büchern kommt noch in der Krakauer Handschrift 748, f. 85r–10lr vor. Vgl. Markowski, Repertorium (wie Anm. 41), S. 56; Quaestiones super I–IV libros „Physicorum" Aristotelis (JBK, cms 742, f. 63r–70v); vgl. Markowski, Repertorium (wie Anm. 41), S. 56–57; Quaestiones super I–III, V–VI „Physicorum" Aristotelis (JBK, cms 742, f. 70v–81r); Kuksewicz möchte diesen Kommentar Theoderich von Erfurt zuschreiben. Vgl. Einführung. In: Zdzisław Kuksewicz, Quaestiones super „De substantia orbis". Ein averroistischer Text aus dem 14. Jahrhundert, Wrocław 1985, S. XI–XIV.

61 Im ersten Teil der Krakauer Handschrift 742 befinden sich z.B. noch folgende Quästionen: Quaestio de physica, f. 81v–83v; Quaestio super I librum „De anima" Aristotelis, f. 83v–86v, und Quaestio super I librum „De anima" Aristotelis, f. 86v–89r.

62 Vgl. Zdzisław Kuksewicz, Averroistic Fourteenth Century Bolognese Texts in the Ms BJ 742. In: Mediaevalia Philosophica Polonorum XXIX (1988), S. 27.

63 JBK, cms 742, f. 90–106r: Quaestiones super I–II libros „De generatione et corruptione" Aristotelis und f. 107r–130r: Quaestiones super I–II libros „De caelo et mundo" Aristotelis.

64 Zum zweiten Teil gehört noch die Quaestio de intentionibus secundis, f. 141v–144r.

65 JBK, cms 742, f. 148r–156v: Quaestiones super tractatum „De substantia orbis" Averrois.

66 JBK, cms 742, f. 157r–193v: Quaestiones super I–III libros „De anima" Aristotelis.

67 JBK, cms 742, f. 199v–208v: Quaestiones super III libros „De anima" Aristotelis.

68 Zu erwähnen sind noch kurze Werke wie: Quaestio de sensu agente (JBK, cms 742, f. 193v–194v), Quaestio de lumine (f. 194v–195r), Quaestio de pluralitate formarum (f. 195r–197r), Quaestio de intellectu (f. 197r–v), Quaestio de habitu intellectus (f. 197v–199r) und Quaestio de cognicione intellectus (f. 199r, 208v); Zdzisław Kuksewicz, Une question d'un averroiste anonyme „De habitu intellectus" dans le ms Bibl. Jagel. 742. In: Mediaevalia Philosophica Polonorum 11 (1963), S. 115–127.

69 JBK, cms 742, f. 144v–145v: Index quaestionum codice contentarum.

70 JBK, cms 737, circa 135-1370, chart. et membr., cm 28,5 x 21, f. 153+I; vgl. Kowalczyk, Catalogus (wie Anm. 21), S. 245–251.

71 Vgl. Zdzisław Kuksewicz, Note on Some Fourteenth Century Averroistic Works in the Ms Cracow Bibl. Jagell. 737. In: Mediaevalia Philosophica Polonorum XXVII (1984), S. 65.

72 JBK, cms 737, f. lr–20r: Quaestiones super I-II libros „De anima" Aristotelis.

73 JBK, cms 737, f. 20r–30r: Ioannes de Ianduno, Quaestiones 1–8 super III librum „De anima" Aristotelis.

74 JBK, cms 737, f. 31r–45v: Theodoricus de Erfordia, Quaestiones super III librum „De anima" Aristotelis. In dieser handschriftlichen Überlieferung fehlen die zwei letzten quaestiones. Der volle Text dieses Kommentars befindet sich in JBK, cms 742, f. 157r–193v.

75 Vgl. Zdzisław Kuksewicz, Les œuvres de Mathieu de Eugubio dans le ms 737 de la Bibliothèque Jagellonne. In: Mediaevalia Philosophica Polonorum X (1961), S. 40–45.

76 JBK, cms 737, f. 120r–124v: Matthaeus de Eugubio, Expositio libri „Isagoges" Porphyrii; f. 124v–133v: ders., Expositio libri „Praedicamentorum" Aristotelis; f. 133v–139r: ders., Quaestiones super librum „Isagoges" Porphyrii; f. 139r–153r: Quaestiones super librum „Praedicamentorum" Aristotelis; f. 153r–v : ders., Quaestiones super I–II libros „De interpretatione" Aristotelis. Vom letztgenannten Kommentar sind nur die ersten Quästionen vorhanden.

77 JBK, cms 737, f. 46r–82v: Ioannes Buridanus, Quaestiones super libros „Parvorum naturalium" Aristotelis.

78 JBK, cms 737, f. 83r–118r: Albertus Rickmersdorf de Saxonia, Quaestiones super libros „De caelo et mundo" Aristotelis.

79 Im dritten Teil befinden sich noch „Tres quaestiones super libros ‚De generatione et corruptione' Aristotelis", f. 118r–119r.

80 Lorenz, Studium (wie Anm. 5), S. 201.

81 Vgl. Mieczysław Markowski, Der averroistische Kommentar des Heinrich von Erfurt zur „Metaphysik" des Aristoteles. In: Acta mediaevalia VIII (1995), S. 173–179.

82 JBK, cms 182/66, f. 2ra–77ra.

83 JBK, cms 182/66, Lat., circa 1350, chart., cm 31 x 21, f. 84.

84 „Expliciunt super primo Physicorum dicta, a magistro Henrico de Sancto Severo compilata in crastino sancti Erhardi etc." [13. September] (JBK, cms 182/62, f. 13va).

85 JBK, cms 798, Lat., ante 1370, membr., cm 31 x 23, f. 86+1; vgl. Maria Kowalczyk [u.a.], Catalogus codicum manuscriptorum medii aevi Latinorum qui in Bibliotheca Jagellonica Cracoviae asservantur, Bd. 6, Wratislaviae 1996, S. 150–153.

86 JBK, cms 798, f. 34r–43r, 44r–51v: Hermannus de Winterswijk (?), Expositio I et III librorum „De anima" Aristotelis.

87 JBK, cms 798, f. 67r–79v: Hermannus de Winterswijk (?), Expositio I–II librorum „De interpretatione" Aristotelis.

88 „Expliciunt reportata super ‚Pery ermenyas' reverendi magistri Hermanni, lectoris in Erfordia apud sanctum Severum" (JBK, cms 798, f. 79v).

89 JBK, cms 798, f. 52r–66r: Ioannes de Erfordia, Reportata commenti Ottonis de Merseburg super librum „Isagoges" Porphyrii.

90 JBK, cms 798, f. 1r–33r: Commentum super librum „De secretis mulierum" Pseudo-Alberti Magni; f. 33v: Quaestio de geometria; f. 43r: Recommendatio scientiarum; f. 79v: Recommendatio scientiae; f. 8lr-86v: De consequentiis (nur ein Fragment).

91 „Expliciunt questiones librorum ‚De generacione', complete a magistro Hermanno, regente in Erfordia apud sanctum Augustinum" (JBK, cms 698, f. 28v).

92 JBK, cms 698, Lat., circa 1362, chart., cm 31,5 x 21, f. 69+IV; vgl. Kowalczyk, Catalogus (wie Anm. 21), S. 84–86.

93 Hermannus de Winterswijk (?), Quaestiones super I–II libros „De generatione et corruptione" Aristotelis (JBK, cms 698, f. lr–28v, 69r–v); ders. (?), Expositio I–II librorum „De generatione et corruptione" Aristotelis (JBK, cms 698, f. 29r–69r). Am Ende des letzten Kommentars kann man lesen: „Expliciunt libri ‚De generacione', reportate a magistro Hermanno".

94 Vgl. Josef Tříška, Zivotopisny slovník předhusitské pražké univerzity 1348–1409, Praha 1981, S. 191.

95 „Datus per magistrum Martinum R[egem] de Przijmislia, memoria dignum astrologum" (JBK, cms 698, auf dem Vorderdeckel).

96 JBK, cms 717, Lat., circa 1360, chart., cm 29,5 x 20,5, f. 140; vgl. Kowalczyk, Catalogus (wie Anm. 21), S. 169–174.

97 Expositio Erffordensis libri „Isagoges" Porphyrii (JBK, cms 717, f. lr–16v); Expositio Erffordensis libri „Praedicamentorum" Aristotelis (JBK, cms 717, f. 17r–42r); Expositio Erffordensis I-II librorum „De interpretatione" Aristotelis (JBK, cms 717, f. 43r–62v).

98 Quaestiones Errfordenses (?) super librum „Isagoges“ Porphyrii (JBK, cms 717, f. 66r–83v); Quaestiones Errfordenses (?) super librum „Praedicamentorum“ Aristotelis (JBK, cms 717, f. 84r–104v); Quaestiones Errfordenses (?) super I–II libros „De interpretatione“ Aristotelis (JBK, cms 717, f. 104v–116v).

99 Expositio Errfordensis tractatus „De consequentiis“ Thomae de Sutton (JBK, cms 717, f. 119r–132v).

100 Expositio Errfordensis tractatus „De arte obligatoria“ Rogeri Swineshed (JBK, cms 717, f. 133r–140v).

101 Joseph Muczkowski (Hg.), Statuta nec non Liber promotionum philosophorum ordinis in Universitate studiorum Jagellonica ab anno 1402 ad annum 1849, Cracoviae 1849, S. 2, 4.

102 Gustav Bauch, Schlesien und die Universität Krakau im XV. und XVI. Jahrhundert. In: Zeitschrift des Vereins für Geschichte Schlesiens XLI (1907), S. 104.

103 JBK, cms 635, Lat., 1363, chart., cm 28,5 x 20,5, p. 348+f. IV; vgl. Kowalczyk, Catalogus (wie Anm. 14), S. 361–364.

104 „Expliciunt Quaestiones Pyridani [!] reportate Erfordie anno Domini M° CCC° LXIII, feria tercia, terminate et finite hora ex[er]citacionis proxima ante festum Iohannis, videlicet Decollacionis [28. August], per manus Iohannis de Leone Medii, cuius manus sit benedicta etc.“ (JBK, cms 635, S. 170).

105 „Expliciunt Questiones De anima reportate Erfordie anno Domini M°C°C°C°LXIII in vigilia sancte Crucis [13. September]“ (JBK, cms 635, S. 339).

106 Nicolaus de Oresme, Quaestiones super I-VIII libros „Physicorum“ Aristotelis (JBK, cms 635, S. 1–170).

107 Vgl. Mieczysław Markowski, Quaestiones super I–VIII libros „Physicorum“ Aristotelis de Nicolas Oresme retrouvée ? In: Mediaevalia Philosophica Polonorum XXVI (1982), S. 20–41.

108 Albertus Rickmersdorf de Saxonia, Quaestiones super I–IV libros „Meteororum“ Aristotelis (JBK, cms 635, S. 177a–236b); vgl. Markowski, Burydanizm (wie Anm. 44), S. 406.

109 Vgl. Markowski, Die philosophischen Anschauungen (wie Anm. 8), S. 15.

110 Rudolphus de Erfordia, Quaestiones super I–III libros „De anima“ Aristotelis (JBK, cms 635, S. 244b–339h).

111 Quaestiones super I librum „De anima“ Aristotelis (JBK, cms 635, S. 237–244); Quaestiones variae de philosophia (JBK, cms 635, S. 340–346) und Quaestiones variae et sophismata (JBK, cms 635, S. 170–176).

112 „Liber magistri de Gorzkow, episcopi Wilnensis. Questiones Alberti ‚Phisicorum‘ et Metheororum Alberti. Item De anima. Liber Collegii“ (Auf der inneren Seite des Vorderdeckels).

113 JBK, cms 753, Lat., circa 1360–1362, chart., cm 28,5 x 21, f. 132; vgl. Kowalczyk, Catalogus (wie Anm. 21), S. 304–308.

114 Rudolphus de Erfordia, Quaestiones super libros „De anima“ Aristotelis (JBK, cms 753, f. 1r–48r).

115 Quaestiones de intellectu (JBK , cms 753, f. 48v–50v).

116 Quaestiones super I-III libros „Meteororum“ Aristotelis (JBK, cms 753, f. 51r–83v).

117 Quaestiones de philosophia (JBK, cms 753, f. 83v–84r).

118 „Expliciunt questiones veteris artis reverendi magistri Byridani, reportate Prage per manus Nicolay Kyrchnyn“ (JBK, cms 753, f. 132r).

119 Ioannes Buridanus, Quaestiones super librum „Isagoges“ Porphyrii (JBK, cms 753, f. 85r-96v); vgl. Markowski, Komentarze (wie Anm. 40), S. 29, 55, 57.

120 Ioannes Buridanus, Quaestiones super librum „Praedicamentorum“ Aristotelis (JBK, cms 753, f. 97r–117v); vgl. Mieczysław Markowski, L'influence de Jean Buridan sur les universités d'Europe Centrale. In: Logique, ontologie et théologie au XIVe siècle, Paris 1984, S. 158.

121 Ioannes Buridanus, Quaestiones super I–II libros „De interpretatione“ Aristotelis (JBK, cms 753, f. 117v–132r); vgl. Markowski, L'influence (wie Anm. 120), S. 158.

122 „Legatus per magistrum Iohannem de Osswyaczym, professorem sacre theologie et custodem in ecclesia S. Floriani pro libraria artistarum“ (auf dem oberen Vorderdeckel).

123 Den elementaren Unterricht begann er vermutlich bei den deutschen Zisterziensern in Land. Da der Abt dieses Klosters das Recht auf einen Sitz im Chorgestühl der Gnesener Kathedrale hatte, ist nicht ausgeschlossen, dass Peter von der Klosterschule in Land zur Kathedralschule nach Gnesen zog. Von da führte der Weg Peters zum Studium der Philosophie nach Erfurt.

124 „Tertio sciendum, quod conclusiones hic positae quasi omnes possunt allegari ex littera Aristotelis, super quam conformiter sunt disputatae, quia via communis principaliter trahitur ex dictis Philosophi et Commentatoris". Petrus de Polonia, Quaestionum responsiones metaphysicae, philosophiae naturalis et logicae. In: Markowski, Die philosophischen Anschauungen (wie Anm. 8), S. 125.

125 „Hic incipiunt quaestiones metaphysicae et philosophiae naturalis et totius logicae compendiose compilatae in Erffordia secundum dicta concordancium in via communi super omnes libros ordinarie compilatae, quae in verbis sunt breves, sed in virtute prolixae, quia puncta ultimata quaestionum non obmisi explicare causa brevitatis". Petrus de Polonia, Quaestionum responsiones metaphysicae, philosophiae naturalis et logicae. In: Markowski, Die philosophischen Anschauungen (wie Anm. 8), S. 124.

126 Vgl. Zophie Włodek [u.a.] (Hg.), Catalogus codicum manuscriptorum medii aevi Latinorum qui in Bibliotheca Jagellonica Cracoviae asservantur, Bd. 1, Wratislaviae 1980, S. 429–457; Władysław Seńko, Piotr Wysz z Radolina i jego dzieło „Speculum aureum", Warszawa 1995, S. 173–253.

127 Benedikt Hesse, Quaestiones super „Praedicamenta" Aristotelis (JBK, cms 1900, f. 124v–272v).

128 JBK, cms 737, f. 124v–133v: Matthaeus de Eugubio, Expositio libri „Praedicamentorum" Aristotelis; f. 139r–153r: ders., Quaestiones super librum „Praedicamentorum" Aristotelis.

129 Mieczysław Markowski, Un commentaire averroïste sur le „De anima" de la moitié du XVe siècle dans le ms BJ 2024. In: Mediaevalia Philosophica Polonorum 1 (1961), S. 48–50.

130 Mieczysław Markowski, Filozoficzne poglądy Teodoryka z Opola [Les opinions philosophiques de Théodorique d'Opole]. In: Studia Mediewistyczne XXVIII (1992), S. 27–53.

Von Beutelbüchern, Pergamenteinbänden und Buchwanderungen

Beobachtungen an Handschriften und Kunstwerken aus Erfurt und anderen thüringischen Städten[1]

Ulrich-Dieter Oppitz

Im Jahr 1990 war ich zufällig auf die Darstellung von Beutelbüchern in der Kunst gestoßen. Unter den ersten fünf Funden, die ich machen konnte, war das Bild eines Heiligen im Angermuseum.[2] Es war Teil eines Altars, der wohl aus Ichtershausen stammt und am Ende des 15. Jahrhunderts geschaffen wurde. In der linken Hand, die vor dem Körper herabhängt, trägt der Heilige ein Beutelbuch, das am Schnitt eine Schließe zeigt. Über der Hand erkennt man den Schlussknoten des Bezuges. Eine andere Beutelbuchdarstellung fand ich im Hussitenkodex der Jenenser Universitätsbibliothek,[3] der 1951 als Staatsgeschenk der DDR von Wilhelm Pieck der ČSSR verehrt wurde, heute liegt er in der Bibliothek des Prager Nationalmuseums. Das Bild zeigt einen Bischof mit einer Waage, in der die Tiara in der einen und der schwerere Kelch der Hussiten in der anderen Waagschale liegen. Ein Kleriker berührt den Rand der Waagschale mit der linken Hand, die rechte hält ein Beutelbuch.

Gerhard Werner[4] beschrieb 1988 in den „Marginalien" neun Darstellungen von Beutelbüchern in Werken der Saalfelder Kunst. Sie finden sich in Gefell, Gössitz, Neusitz, Reichenbach, Remptendorf, Schmölln, Schweinitz und Saalfeld. Ein weiterer Heiliger steht auf dem Flügelaltar der Stadtkirche in Plaue. Sicher bin ich, dass noch an manch anderem Platz in Thüringen Beutelbuchträger zu finden sind.

Sie sind vom 14. bis 16. Jahrhundert häufig auf Kunstwerken dargestellt. Ursula Bruckner[5] verdanken wir die posthum erschienene Studie zu den erhaltenen Beutelbuch-Originalen. 24 Exemplare sind weltweit erhalten, vier weitere Stücke, von denen glaubwürdige Kenntnis vorliegt, sind verschollen. Die nächsten Exemplare liegen in Dessau und Halle.

Beim Beutelbuch umschließt ein Ledereinband einen Oktav- oder Quartband, und zwar überwiegend Breviere, Bibeltexte, persönliche Gebets- und Andachtsbücher, aber nur selten profane Texte. Nach oben hin ist das Leder nicht selten zu einem Knoten gebunden. Er sollte ein leichtes Tragen in der Hand oder am Arm, vielfach auch ein Einhängen am Gürtel erlauben. Nach unten stehen Lederreste über den Einband hinaus. Die erhaltenen Exemplare bestätigen die überlieferten Darstellungen.

Diese aufwendige und entsprechend kostspielige Einbandform scheint mit dem Ende spätmittelalterlicher Andachtsfrömmigkeit nach Einführung der Reformation schnell in Vergessenheit geraten zu sein. Die letzten erhaltenen Originaleinbände stammen aus dem Beginn des 16. Jahrhunderts. Darstellungen, die das Nachleben der bildlichen Wiedergabe belegen, reichen bis ins Ende des 18. Jahrhunderts.

Bislang sind über 800 Darstellungen nachgewiesen. Sie sind das Ergebnis eines zufälligen Suchens und Findens von Darstellungen. Je mehr Darstellungen aus den unterschiedlichsten Regionen gefunden sind, desto eher lassen sich Verallgemeinerungen begründen. Zu berücksichtigen ist, dass die Verlustraten von Kunstwerken und schließlich ihre Mobilität kaum abschätzbar und räumlich wie zeitlich Schwankungen ausgesetzt sind. Von den mittelalterlichen Wandmalereien zum Beispiel sind uns nur äußerst geringe Bestände erhalten. Ähnliches gilt für Kirchenglocken aus dem 14. bis 16. Jahrhundert, zu oft wurden sie in späterer Zeit eingeschmolzen. Eine geografische und zeitliche Verteilungsrechnung wird daher allenfalls im Bereich von Näherungswerten bleiben. Die Verteilung auf die Typen der Kunstwerke muss auch diese Zufälligkeiten berücksichtigen: eine näherungsweise Errechnung der prozentualen Anteile ergibt für Holzplastiken 36 Prozent, Gemälde und Tafelbilder 24 Prozent, grafische Darstellungen 16 Prozent, Steinplastiken 10 Prozent, Handzeichnungen und Miniaturen 7 Prozent, sonstige Kunstwerke 7 Prozent. Zu den Letzteren zählen u.a. Kirchenglocken, Glasfenster, Wappen und Stickereien.

Die frühesten Darstellungen sind in Frankreich zu lokalisieren.[6] Zwei Grabplatten aus Paris für Alix Barbette (gest. 1293) und Jeanne Brichard (gest. 1362) zeigen die Verstorbenen mit dem Buch am Unterarm. Die Hände sind jeweils im Gebetsgestus zusammengelegt. Hier handelt es sich um wirklichkeitsnahe Attribute: dargestellt ist einmal die Ehefrau eines französischen Adligen, zum anderen die Meisterin eines Beginen-Hauses, also beides Frauen, die gewohnt waren, die gottesdienstlichen Bücher zu benutzen. Beispiele der frühen Buchmalerei und eine Kreuzigungsgruppe aus Nordfrankreich bestätigen die örtliche Verbreitung. Von Frankreich breitete sich die Benutzung nach Spanien, den Niederlanden und über den deutschen Sprachbereich nach Osten aus.

Im deutschen Sprachraum scheint die Wanderung von Norden nach Süden verlaufen zu sein. Mit den Künstlern aus dem flandrischen Gebiet sind offenbar Anregungen in die Rheinlande und nach Westfalen gekommen. Von dort verbreitete sich die Wiedergabe nach Süddeutschland. Es ist nicht notwendig so, dass den Künstlern jeweils Originalexemplare vorgelegen haben. Seit dem Beginn des 15. Jahrhunderts mit der Einführung des Holzschnitts und des Kupferstichs war die Transportabilität der Muster kaum mehr eingeschränkt. Die Vervielfachung der Anschauung erlaubte beliebig modifizierte Wiederholungen. Die freie Kombination vorhandener, auch über längere Zeit in einer Werkstatt verfügbarer Vorlagen bezog sich auch auf Gebrauchsgegenstände des täglichen Lebens.

Die deutlich bevorzugte Nutzung von Stichen als Vorlagen lässt sich beispielhaft dokumentieren: im Werk des Meisters E. S. sind zahlreiche skizzenhafte Darstellungen von Beutelbuchträgern gerade in Apostelfolgen nachzuweisen. Sie hat dann der Meister mit den Bandrollen in seinen eigenen Folgen der Apostel kopiert. Die weitaus beliebtesten Träger von Beutelbüchern, der heilige Johannes, etwa in Kreuzigungsszenen, die Jungfrau Maria und die Apostel Petrus, Philippus und Jakobus der Ältere, verdanken ihre Bevorzugung sicher nicht einer besonderen Zuneigung der ausführenden Künstler oder deren Auftraggeber, sondern eben den Mustern aus der Grafik. Als Vorlagen gesammelt waren sie in den Werkstätten verfügbar und konnten in Skulpturen oder Gemälden beliebig eingesetzt werden.

An der Arbeit des Ulmer Malers Jörg Stocker ist ein solcher Gebrauch schlüssig nachzuweisen: sein Gemälde Christus am Ölberg (um 1500)[7] nimmt neben Rezeption von Schongauer und Dürer einen Kupferstich von I. A. M. von Zwolle zum Vorbild, auf dem links ein schlafender Jüngling mit einem nur mit Bund und Schnitt sichtbaren Beutelbuch in der linken Hand liegt. Diese Komposition wurde von Stocker in ein deutlich sichtbares grün gebundenes Beutelbuch mit Eckbeschlägen und Schließen umgesetzt. Ein unbekannter neckarschwäbischer Künstler holte seine Vorlage bei Martin Schongauer. Der Johannes im Chorfenster der Liebfrauenkirche in Mauren bei Donauwörth geht auf Vorlagenzeichnungen Hans Holbeins des Älteren zurück. Vielleicht ist dieses Glasfenster in der Werkstatt Holbeins in Augsburg gefertigt.

Eine weitere Vorlage des Meisters E. S., das von den Aposteln Petrus und Paulus gehaltene Tuch mit Christi Kopf (Vera-Icon-Tuch) (datiert 1467)[8] wird schon 1473 bis in Einzelheiten kopiert und 1485 von Johann Zainer in Ulm nachgestochen.

Unter den figurenreichen Schnitzaltären Norddeutschlands finden sich Beispiele, die zwei, drei oder auch fünf Beutelbuchträger zeigen. Das Beutelbuch war eine Variation der Darstellung des Buches als beliebtes Attribut. Die vielfachen Werkstattverflechtungen in der Spätgotik, die Übernahme beliebter Sujets und die mehrfache Verwendung gleicher Szenen in verschiedenen Zusammenhängen sind weitere Quellen, die zu einer Vielfalt von Darstellungen führen. Überwiegend wird das Beutelbuch Heiligen, biblischen Personen und Geistlichen als Attribut beigegeben. Dadurch kann der Eindruck entstehen, als kämen Frauen nur selten als Trägerinnen in Frage. Legt man jedoch die einseitige Wahl der Träger und die Häufigkeit benutzter Vorlagen zugrunde, ist die Beobachtung zu modifizieren.

In den Beispielen, in denen wirklichkeitsnahe Darstellungen gegeben werden, sind beinahe ebenso viele Frauen abgebildet wie Männer. Isabella von Burgund, Barbara Gonzaga[9] oder Margaretha von Handschuhsheim gehörten zum Adel, sie waren Äbtissinnen oder Stifterinnen und repräsentieren damit den Kreis hochgestellter Persönlichkeiten, der auch in der Realität für den Besitz der aufwendig herzustellenden Beutelbücher namhaft gemacht werden kann. Bei den Herren zählt die porträtnahe Darstellung des Bamberger Domherren Georg Graf von Löwenstein[10] durch Hans Pleydenwurff ebenso wie das Bild des Kanonikus Joris van der Paele vor der Madonna des Jan van Eyck zu den Bildern, auf denen das Beutelbuch nicht als beliebig zugewiesenes Attribut erscheint, sondern als persönliches und geschätztes Eigentum. Die Grabplatten des Klerikers Nikolaus Puschmann aus Meißen, die des Pfarrers Georg Sparnberger in Kastl oder die der Äbte Alexius aus dem Kloster Alpirsbach und Johannes Hanßmann aus Hirsau gehören ebenso zu den Zeugnissen, die als realitätsnah gelten können, weil sie Personen wiedergeben, für die der Besitz eines Beutelbuches denkbar ist.

Die eben genannten Beispiele zeigen die Notwendigkeit der kleinräumlichen Suche nach weiteren Beutelbuchdarstellungen. Bei der Betrachtung von Kunstwerken sind sie eines der Details, die zu betrachten Freude und Gewinn bringt. Wer mehrfach größere Sammlungen von Kunstwerken angeschaut hat, empfindet nicht selten das Gefühl des „Schon-Gesehen-Habens“. Sucht man jedoch besondere Detaildarstellungen, so gewinnen auch noch so große Sammlungen ihren eigenen Reiz. Ob es die Wunden des Heiligen Rochus, die Pilgertracht des Jakobus des Älteren oder die Technik der Beschneidung des Jesuskindes sind, in Einzelheiten zeigt sich das Fachwissen der Künstler. Was liegt für einen Buchliebhaber näher, als Buchformen und dabei auch die Beutelbücher genauer zu betrachten?

Die Stecknadel im Heuhaufen oder Vom Nutzen der Fragmentforschung

Die Quellen aus mehr als eintausendjähriger Schrifttradition sind bis heute noch nicht abschließend ausgewertet. Die Handschriftenbestände aller Bibliotheken sind bislang noch nicht so ausgewertet, als dass nicht noch eine große Anzahl interessanter Themen zu bearbeiten wäre. Angesichts dieser Materialfülle für die Fragmentforschung zu werben kann daher als anachronistisch betrachtet werden. Jedoch erschließen die Fragmente oft Wege der Überlieferung, die uns sonst verschlossen wären.

Gegenstand der Fragmentforschung, für die auch der Ausdruck Makulaturforschung eingeführt ist, sind Urkunden, Briefe, Rechnungen und Abschriften unterschiedlicher Art und Herkunft.[11] Abschriften weltlicher und kirchlicher Texte sind am weitesten verbreitet. Urkunden haben früh und für lange Zeit eine Sorgfalt genossen, da sie als Belege für Gerechtsame lange die maßgebliche Grundlage waren. Briefe und Rechnungen wurden schon früh auf Papier geschrieben, sie finden sich daher in Einbänden oft als Stärkung, selten als äußerer Einband. Der wichtigste Werkstoff war das beschriebene Pergament.

Man hat früher, vornehmlich nach Auflösung der Klöster, die scheinbar wertlosen Pergamente, ja ganze Pergamentcodices zweckentfremdet. Buchbinder lösten aus den Holzdecken Bogen für Bogen, oder Blatt für Blatt und verwandten das wertvolle Material zur Heftung von Akten, als Überzug für Akten- oder Bucheinbände oder als Vorsatzinnenspiegel in Büchern. Gelegentlich nutzte man Fragmente aber auch zur Reparatur defekter Orgelpfeifen. Anders bei der Zweitnutzung von Papierblättern: sie wurden schichtweise geklebt und erfüllten den gleichen Zweck wie Pappen. Die unterschiedliche Verwendung führt zu den verschieden großen Fragmenten, die wir kennen. Manchmal wurde die Rückenheftung eines Bandes durch Pergament verstärkt, dazu gehörte ein Quadrat von fünf Zentimetern Länge. Oft wurden jedoch ganze Blätter oder Doppelblätter als Einband eines Folianten genutzt.

Soweit Akten in Pergamente gebunden wurden, wurden die beschriebenen Lagen der Aktenblätter oft genäht; das elastisch bleibende Pergament erfüllte für Jahrhunderte die Aufgabe, die Lagen der Akten zusammenzuhalten.

Uns erscheint heute die Art, wie Handschriften wiederverwendet wurden, als kulturlos. Wir sehen in den Handschriften die Zeugnisse einer kulturellen Tradition. Anders war es im 16. Jahrhundert, als der Buchdruck sich ausbreitete. Viele Handschriften waren in „modernen" gedruckten Ausgaben verfügbar. Wer die Mittel hatte, ersetzte das Manuskript durch einen Druck. Die sehr häufig als Einband verwandten liturgischen Schriften waren durch Liturgiereformen in Folge des Trientiner Konzils unzeitgemäß geworden. Die Festlegung auf ein Einheitsbrevier (1568) und ein Einheitsmissale (1570) führten dazu, dass Handschriften in großer Zahl ihre bisher übliche Funktion verloren. Ihre „Wertlosigkeit" wurde noch dadurch gesteigert, dass in Folge der Reformation die Bedeutung des Lateinischen als Sprache der Kirche zurückgedrängt wurde. Für Lateinkenner waren die Schriften der Klassiker interessanter als die kirchlichen Texte.

Bücher und gebundene Akten sind heute Zeugen ihrer Entstehungszeit. Das sie umhüllende Pergament ist Teil der geschichtlichen Überlieferung. Daraus folgt, dass nur in besonderen Ausnahmesituationen die Verbindung von Pergament und Buch oder Akte getrennt werden sollte. Meist lässt sich Inhalt und Bedeutung des Fragmentes ohne Lösung von dem Trägerband bestimmen. Bei besonderer singulärer Überlieferung kann man nach sorgfältiger Restaurierung und Dokumentation des Befundes erwägen, ob eine Trennung von Hülle und Fragment zu verantworten ist. Diese Auffassung einer Einheit von Einband und Inhalt ist ein Produkt der neueren Wissenschaft. Dies hängt nicht zuletzt damit zusammen, dass, als die ersten Wissenschaftler begannen, die mittelalterlichen Texte auf der Grundlage einer möglichst weiten Überlieferung wissenschaftlich zu edieren, von den Buchbindern noch Codices zerlegt wurden.

Die Geschichte der Fragmentforschung beginnt im 18. Jahrhundert. Aus den Jahren 1796 und 1802 stammen frühe Veröffentlichungen, die ausdrücklich „Bücherdecken" nach ihrem Inhalt beschreiben. „Der fliegende Antiquarius" schrieb damals: „Es wäre sehr zu wünschen, daß man die Bücherdecken, die mit Pergamentblättern aus alten Handschriften überzogen sind, sorgfältiger bewahrte, das Pergament so gut und vorsichtig als möglich ablösete, und dergleichen Bruchstücke irgend einem Handschriften-Kenner zur Beurtheilung vorlegte, oder noch besser, daß sich entweder ein Gelehrter oder eine öffentliche Bibliothek damit befaßte, eine ordentliche Sammlung solcher Bücherdecken zu veranstalten."[12]

In diesen Zeilen findet sich bereits das Programm der Fragmentenerschließung, das in den seither verstrichenen fast 200 Jahren nichts von seiner Aktualität verloren hat. Allein die Gewichtung, Ablösen statt Bewahren, wird heute anders gesehen. Nicht zuletzt ist dies eine Folge der Fotografie. Bald nach der Niederschrift der zitierten Zeilen wurden viele Bibliotheken von den Handschriften aufgelöster Klöster überschwemmt. Bis heute sind von den etwa 60.000 Handschriften des Mittelalters nur 18.000 in einer Form beschrieben, die wissenschaftlichen Ansprüchen Rechnung trägt.

Soweit in Bibliotheken und Archiven Fragmente abgelöst wurden, wurden sie nur in wenigen Fällen sorgfältig bearbeitet. Es beginnt damit, dass nur in seltenen Fällen der Band notiert wurde, von dem ein bestimmtes Fragment abgelöst wurde. Dadurch haben wir heute große Schwierigkeiten, die Herkunft von Einzelblättern zu bestimmen. Leichter machen es die Vorarbeiten der Archivare. Sie schrieben bei Anlage einer Akte auf den Einband den Inhalt und oft das Jahr oder die Jahre, die die Akte betraf. Rechnungsbände, Ein- und Ausgaberegister zeigen uns daher heute oft, wann die Handschriften aufgelöst wurden und wo sie verarbeitet wurden. Dadurch gelang es z.B., Teile einer Handschrift des Schlüssels des Sächsischen Landrechts an vielen Plätzen nachzuweisen: Sammlungen in Freiburg, Göttingen, Goslar, Wolfenbüttel und Zürich besitzen heute Blätter einer Handschrift, die zum Einband von Registern, wohl am Harzrand, benutzt wurden. Der Text einer alphabetischen Arbeit ist an keinem der verschiedenen Orte doppelt überliefert, so dass die Zugehörigkeit zu einer Handschrift gesichert erscheint.

Die Zweitverwendung als Einband beeinträchtigte die Lesbarkeit der Fragmente erheblich. Viele sind abgerieben, andere sind dunkel eingefärbt. Allerdings ist der überlieferte Text in zwölf weiteren Handschriften[13] vorhanden. Dadurch ist die Entzifferung der einzelnen Blätter für eine Textüberlieferung nicht so wichtig, als dass man den damit verbundenen Aufwand betreiben müsste.

Eine so weite Verbreitung einer Handschrift durch Fragmente ist selten. Oft sind von umfangreichen Handschriften nur wenige Blätter erhalten, die meist an einem Ort verblieben. Soweit Fragmente aus Handschriften stammen, die in Editionen vorliegen, kann man bestimmen, welchen Textteil sie wiedergeben. Bestimmte Eigentümlichkeiten, die an bestimmten Textstellen vorkommen, erlauben es manchmal, ein einzelnes noch vorhandenes Blatt in die Textüberlieferung einzuordnen. Bei einem Blatt des Schwabenspiegels[14] konnte eine Textstelle nachgewiesen werden, die bis dahin nur in einer einzigen anderen Handschrift belegt war. Die Handschrift selbst war 1945 beim Brand der Münsteraner Universitätsbibliothek vernichtet worden, ohne dass es von ihr einen Film oder eine frühere Abschrift gab. Das Fragment erhielt dadurch Bedeutung für die Textüberlieferung. Meist aber bestätigen Fragmente lediglich die Lesarten, die aus anderen Texten schon bekannt und mehrfach überliefert sind. Dies gilt besonders für juristische Handschriften, die meist in mehreren Exemplaren überliefert sind. Anders ist es bei literarischen Texten oder seltenen Gebrauchstexten, wie etwa Rezepten, bei denen ein Fragment oft der einzige Zeuge eines früher wohl umfangreich gewesenen Werkes ist. Neben der inhaltlichen Erschließung des Fragmentes gehört natürlich die Beschreibung der Merkmale zu seiner Aufarbeitung, die auch für die Beschreibung kompletter Handschriften von Bedeutung sind: Alter und Sprachheimat bei deutschsprachigen Fragmenten. Spezialisten können durch ihre Kenntnis der vielfältigen Überlieferung aus der Schriftart die Zeit der Niederschrift auf Jahrzehnte genau bestimmen. Leider gibt es bislang noch nicht für alle Zeiträume zwischen dem 10. und 16. Jahrhundert genaue Bestimmungs- oder Beispielsammlungen. Hier ist noch die Detailarbeit jedes Bearbeiters erforderlich.

Ähnlich steht es mit der sprachlichen Einordnung eines Fragments. Ein Folioblatt, das beidseitig lesbar ist, ermöglicht einem Kenner anhand verwandter Laut- und Sprachformen die örtliche Bestimmung der Sprachheimat. Hierfür gilt, dass eine Bestimmung umso leichter ist, je mehr Text verfügbar ist.

Im Allgemeinen kann man annehmen, dass der Buchbinder die Handschriften, die er weiterverarbeitete, nicht allzu weit transportierte. Stadtrechnungen wurden meist am Ort in Handschriften eingebunden, die aus Klöstern oder ähnlichen Sammlungen des Ortes stammten. Hier ist die Herkunftsbestimmung oft nicht schwierig. Manchmal erlauben Notizen auf Einzelblättern die Zuweisung zu bestimmten Bibliotheken. Soweit Handschriften für den Einband von

Drucken des 15. und 16. Jahrhunderts genutzt wurden, ist die Geschichte der Drucker interessant. Meist wurden gedruckte Bücher, in verteerte Fässer verpackt, ohne Einband verschickt. Der neue Besitzer ließ diese Bücher dann durch einen ortsansässigen oder wandernden Buchbinder binden. Das Druckjahr des letzten Bandes, etwa bei Sammelbänden verschiedener Drucke, ist dann der Zeitpunkt, zu dem die Handschrift spätestens zerlegt worden sein muss. Auf diesem Wege konnte eine Handschrift zum Einband verschiedener Drucke unterschiedlicher Erscheinungsjahre werden.

Viele der Archive und Bibliotheken besitzen heute Sammlungen von abgelösten Fragmenten. Sie sind in den letzten 150 Jahren gesammelt worden. Nur wenige Bibliotheken und Archive haben diese Sammlungen bearbeitet. Sie sind selten beschrieben, selten wurde versucht, die zusammengehörigen Stücke unterschiedlicher Sammlungen zusammenzuführen. Ausnahmen gibt es für die Stücke, die zu Texten gehörten, die als besonders bedeutend gelten. Nibelungenlied und Handschriften vor dem Jahre 1100 sind einige dieser Ausnahmen. Angesichts dieser Erschließungslage und der Geringschätzung des Mittelalters in den letzten Jahrzehnten ist die Sichtung dieser Sammlungen von großer Bedeutung. Sie führen selbst in Bibliotheken und Archiven, die als gut erschlossen gelten, ein wenig beachtetes Dasein. Unterschiede zwischen Ost und West haben hierfür keine große Bedeutung. Im Hauptstaatsarchiv in Wolfenbüttel fand ich ebenso unbekannte Rechtsfragmente wie in den Staatsarchiven zu Weimar und Rudolstadt.[15] Fragmente im Archiv in Goslar sind ebenso nicht mehr aufzufinden wie solche, die in Oranienbaum und Magdeburg lagen. Die Württembergische Landesbibliothek in Stuttgart barg ebenso wie die Sächsische Landesbibliothek in Dresden und die Universitätsbibliothek in Halle in ihren Fragmentschachteln Blätter, die als Neufunde einzustufen sind. Solche Schachteln in Archiven und Bibliotheken sollten also gründlich gesichtet werden.

Ein weiterer Fundort für Fragmente sind die Einbände von Altdrucken in den historischen Beständen der Bibliotheken. Stadtbibliotheken haben oft aus ehemaligen Schul- und Klosterbibliotheken Bestände übernommen, die selten nach den Einbänden durchgesehen sind. Von den Bibliothekaren die Erlaubnis zu erhalten, die Bestände direkt zu untersuchen, ist schwierig. Allein anhand der Bestände in den Regalen ist es möglich, die Einbände zu erkennen, die in beschriebenes Pergament eingebunden sind. Jeder andere Weg ist aus Zeitgründen nicht gangbar. Die Bibliothekare erwecken dabei oft den Eindruck, sie erwiesen der Forschung eine Gnade, wenn sie die Einsicht ermöglichen. Dabei ist es ein Versäumnis der Bibliothekare, wenn diese Einbände bislang nicht bearbeitet sind. Die wissenschaftliche Öffentlichkeit hat ein Anrecht darauf, diese Quellen ebenso wie den Inhalt kompletter Handschriften kennen zu lernen.

Weitgehend ähnlich verhält es sich mit den Beständen in Archiven. Auch hier sind die Bestände in den vergangenen Jahren nicht so erschlossen worden, wie dies zu wünschen ist. Gerade bei Arbeiten zur Schaffung neuzeitlicher Inventare sollte es grundsätzlich üblich werden, die Einbände von Akten mit zu erfassen. Wenn die Archivare nicht in der Lage sind, die Texte zu bestimmen, so wäre es bereits ein Gewinn, wenn die Signaturen der Einbände notiert würden, auf denen beschriebene Einbände erhalten sind. Der nächste Schritt wäre die Anlage einer Fotodokumentation aller beschriebenen Einbände, die dann weitere Forschungen erlaubt. Sind die Akten erst einmal in Hüllen und Kartons gesichert, wird die Suche von Fragmenten erheblich schwieriger und umständlicher. Daher sollte möglichst bald mit den Sucharbeiten begonnen werden, bevor die Archive die notwendigen Geldmittel haben, ihre Bestände „umzuschachteln".

Die zu erwartende Ausbeute ist nicht allzu groß. Viel Heu ist zur Seite zu legen, bis die Stecknadel daliegt, und nicht immer hat der Heuhaufen die gesuchte Nadel. Als Faustregel gilt, dass auf 100 lateinischsprachige Fragmente ein deutschsprachiges Fragment zu finden ist. Unter fünf deutschsprachigen ist dann ein Rechtstext. Daneben begegnen in den Sammlungen noch hebräische Texte und gelegentlich ein französischer.

Bei Ihnen als sachkundig Interessierten möchte ich dafür werben, auf diesen Spuren Bestände in Thüringen zu sichten. Altbestände gibt es an vielen Orten. Gerade die territoriale Zersplitterung früherer Jahrhunderte hat hier eine erfreuliche Vielfalt hinterlassen. Die Personalsituation in Bibliotheken und Archiven wird es auf lange Zeit nicht erlauben, eine systematische Suche zu betreiben. Hier könnten interessierte Laien eine wichtige Lücke füllen. Hat man dann einen Fund gemacht, so ist es nicht schwer, bei der Aufarbeitung sachkundige Unterstützung zu finden. Wer einmal in einer Bibliothek in dieser Weise arbeitet, wird sich kaum langweilen. Die Freude, die es macht, nach ein paar hundert vergeblichen Griffen etwas Neues zu entdecken, muss man selber erleben.

Buchwanderungen

Eine wesentliche Quelle buchgeschichtlicher Forschungen ist die Rekonstruktion alter Bibliotheksbestände. Soweit alte Kataloge verfügbar sind, wird versucht, die dort genannten Handschriften zu ermitteln.[16] Renate Schipke[17] hat ihre Beobachtungen für die ehemaligen Bibliotheken von St. Peter und der Kartause in Erfurt in einer kleinen Studie beschrieben.

Zwei große Handschriftenbestände haben schon lange das Forschungsinteresse gefunden. Einmal die ab 1883 verkaufte Kartausenbibliothek von Buxheim in Schwaben und zum anderen die Bibliothek des Stiftungsregierungsrates Friedrich Gottlieb Julius von Bülow (1760–1831). Die Buxheimer Bibliothek wurde von dem Münchner Antiquar Ludwig Rosenthal verkauft und ist heute auf viele Bibliotheken der Welt verteilt. Die Bülowsche Bibliothek wurde 1836 in

Eisleben verkauft. Ein gedruckter Verkaufskatalog beschreibt die etwa 1800 mittelalterlichen und neuzeitlichen Handschriften in Stichworten. Durch die Übernahme einer großen Anzahl Erfurter Handschriften aus St. Peter und der Kartause ist ihr Schicksal für Erfurt von Interesse. Bülow hatte neben den Erfurter Handschriften auch solche aus dem Kloster Huysburg bei Halberstadt und aus dem Kloster St. Anna in Kempen am Niederrhein in seinem Besitz. Aus welchen anderen Beständen er auch noch Handschriften besaß, kann erst eine Detailuntersuchung ergeben. Da die Handschriften von Kempen 1808 in Hamburg verkauft wurden, könnte ein Katalog des dortigen Verkaufes weiterführen.

Georg Heinrich Schäffer, ein ehemaliger Hallenser Student, stellte den Katalog der Eislebener Auktion zusammen. Glücklicherweise schrieb er in viele Handschriften die Blattzahl und das Datum seiner Bearbeitung auf das erste Blatt. Seinen Namen kürzte er dabei zu „G. H. Sch." ab. Diese Bearbeitungszufälligkeiten erlauben es, Bülow-Handschriften zu sichern. Schwierig wird es dann, sie Katalogeinträgen des gedruckten Kataloges zuzuordnen. Manche Beschreibungen sind so wenig aussagekräftig, dass es schwierig ist, unter ähnlichen Beschreibungen die richtige auszuwählen. Findet man eine Bülow-Handschrift, so ist sie darauf zu prüfen, ob sie Hinweise auf ihre Bibliotheksherkunft besitzt: Alte Besitzereinträge, Signaturenschilder oder typische Einbandgestaltung. Auf diesem Wege ist dann zu versuchen, die Quellen, aus denen Bülow seine Handschriften erwarb, zu ermitteln. Hat man auf diesem Wege eine Bibliothek gefunden, so sind dann wieder die aus dieser Bibliothek bekannten Handschriften daraufhin zu prüfen, ob unter ihnen Bülow-Stücke sind.

Um den Weg der Handschriften nach dem Verkauf zu verfolgen, ist es notwendig, möglichst viele Käufer des Verkaufes von 1836 in Eisleben zu finden. Es steht zu vermuten, dass oft mehrere Handschriften durch einen Käufer erworben wurden, so dass in den Verkaufskatalogen der Sammlungen dieser Käufer nicht selten andere Stücke der Auktion erscheinen. Viele der Sammler des 19. und 20. Jahrhunderts, deren Bibliotheken ich untersuchen konnte, hatten Bülow-Stücke in ihrer Sammlung. Frau Schipke erwähnte Plümicke und Zeisberg (Wernigerode). Gleiches gilt aber auch für Barnheim, Langer und Puhlmann.

Man mag fragen, welchen Sinn eine solch zeitaufwendige Suche hat. Einmal steht im Vordergrund die Rekonstruktion einer Bibliothek. Hiervon können wir erfahren, welches Wissen in bestimmten Zeiträumen an einem Ort bereitstand. Erfurts geisteswissenschaftliche Stellung im Mittelalter macht die Stadt wie wenige andere Städte zu einer solchen Untersuchung geeignet. Die Tatsache, dass nicht selten in Handschriften eines Bestandes makulierte Handschriften als Vorsatzblätter oder Einband erhalten sind, macht einen solchen Bestand zu einem geeigneten Untersuchungsfeld für die Suche nach makulierten Handschriften des frühen Mittelalters. Je mehr Handschriften eines Bestandes wir kennen, desto leichter ist es, zusammengehörige Blätter einer Handschrift zu finden. Bernhard Wirtgens[18] Untersuchung zu den Handschriften des Klosters St. Peter und Paul zu Erfurt bis zum Ende des 13. Jahrhunderts lieferte schon 1936 aus seinem geringen Überlieferungsmaterial wertvolle Beiträge zu alten Erfurter Handschriften. Die Verbreiterung dieser Basis ist möglich und wünschenswert. Die Arbeit an der Bülow-Bibliothek gleicht einem Puzzle, 1800 Teile müssen ihren Platz finden. Vielleicht 400 sind bislang bekannt. Die übrigen sind zu suchen und dann richtig zu platzieren. Eine Bibliothek mit reichhaltigen Erfurter Beständen wäre das Ergebnis.

Diese Arbeit reizt, ihr Ergebnis lohnt sich.

Anmerkungen

1 Überarbeitete Fassung des Vortrags vom 24. März 1999.

2 Ulrich-Dieter Oppitz, Weitere Spuren von Beutelbüchern. In: Gutenberg-Jahrbuch 68 (1993), S. 311–318; hier: S. 313, Nr. 552.

3 Oppitz, Weitere Spuren (wie Anm. 2), S. 314, Nr. 555.

4 Gerhard Werner, Beutelbücher in der Saalfelder Kunst. In: Marginalien 109 (1988), S. 29–32.

5 Ursula Bruckner, Beutelbuch-Originale. In: Studien zum Buch- und Bibliothekswesen, Bd. 9 (1995), S. 1–25.

6 Renate Neumüllers-Klauser, Ulrich-Dieter Oppitz, Beutelbuchdarstellungen in der Kunst der Spätgotik. In: Anzeiger des Germanischen Nationalmuseums (1996), S. 77–92; hier S. 80.

7 Oppitz, Weitere Spuren (wie Anm. 2), S. 317, Nr. 376, Abb. 5.

8 Ebenda, S. 82, Abb. 5.

9 Ebenda, S. 80, Abb. 4.

10 Ebenda, S. 83, Abb. 6.

11 Ulrich-Dieter Oppitz, Deutsche Rechtsbücher des Mittelalters, Bd. III/1, Köln [u.a.] 1992, S. 897–899.

12 Reste verlorener Werke und zerschnittener Handschriften auf alten Bücherdecken. In: Friedrich David Gräter (Hg.), Der fliegende Antiquarius (1802), Nr. 33, S. 131–136; hier: S. 131.

13 Erika Sinauer, Der Schlüssel des Sächsischen Landrechts, Breslau 1928 (Neudruck Aalen 1970), S. 26–46.

14 Ulrich-Dieter Oppitz, Fragmente des Schwabenspiegels im Stadtarchiv Schwäbisch Hall. In: Württembergisch-Franken 81 (1977), S. 75–82, bes. S. 78.

15 Ulrich-Dieter Oppitz, Fragmente deutscher Rechtsbücher des Mittelalters. In: Volker Honemann [u.a.] (Hg.), Sprache und Literatur des Mittelalters in den Nideren Landen. Gedenkschrift für Hartmut Beckers, Köln [u.a.] 1999, S. 217–230.

16 Ulrich-Dieter Oppitz, Die deutschsprachigen Handschriften der Fürsten Dietrichstein aus Nikolsburg/Mähren. In: Rudolf Bentzinger [u.a.] (Hg.), Fata Libellorum. Festschrift für Franzjosef Pensel zum 70. Geburtstag, Göppingen 1999, S. 187–214, dort mit weiteren Nachweisen in Anm. 3.

17 Renate Schipke, Neue Funde aus den ehemaligen Bibliotheken von St. Peter und der Kartause in Erfurt. In: Ulman Weiß (Hg.), Erfurt. Geschichte und Gegenwart, Weimar 1995, S. 341–345.

18 Bernhard Wirtgen, Die Handschriften des Klosters St. Peter und Paul zu Erfurt bis zum Ende des 13. Jahrhunderts, Gräfenhainichen 1936.

Buchmalerei um 1200 im Erfurter Peterskloster

Zugleich Beobachtungen zur Ausstattung liturgischer Handschriften im hohen Mittelalter[1]

Beate Braun-Niehr

Eine nicht geringe Zahl jener Handschriften, die der 1783 aufgestellte Katalog der Bibliothek des Erfurter Petersklosters verzeichnet, ist bis heute – zerstreut auf europäische Sammlungen – erhalten geblieben.[2] Dabei ist zu bedenken, dass nicht erst mit der Krise der geistlichen Institutionen im Zuge der Säkularisation die Auflösung des Bestands eingesetzt hat. Eine der einschneidendsten Zäsuren bedeutete am Beginn der Neuzeit die Erfindung des Buchdrucks mit beweglichen Lettern: Damals wurden, wie anderswo, auch im Peterskloster handgeschriebene Bücher makuliert. Von der Existenz dieser Codices künden zuweilen noch in Buchdeckel geklebte, häufig zerschnittene Fragmente. Weiter ist damit zu rechnen, dass – sieht man einmal von Verlusten durch Brände und Kriegsereignisse ab – manch ein Manuskript im Tausch oder als Geschenk den Besitzer wechselte. Schließlich muss an die zwielichtige Gestalt des französischen Benediktiners Jean-Baptiste Maugérard (1735–1815) erinnert werden, der während des Exils bei seinen Ordensbrüdern auf dem Petersberg zahlreiche Handschriften, darunter etliche aus Erfurter Bibliotheken, an vermögende Sammler vermittelte.[3]

Das vom Mainzer Erzbischof Siegfried I. wohl 1060 gegründete Benediktinerkloster St. Peter und Paul auf dem Erfurter Petersberg erlebte – nach schwierigen Anfangsjahren und einer gewissen Konsolidierung unter Abt Burchard (1103–1116), der den Neubau der Klosterkirche initiierte – seine erste kulturelle Blütezeit unter dem aus Hirsau berufenen Abt Werner I. (1127–1138).[4] In sein Abbatiat fiel vermutlich die Einrichtung eines eigenen Skriptoriums. Leider wurden 1142 durch einen verheerenden Brand des Klosters auch große Teile der Bibliothek vernichtet, sodass nur wenige Zeugen aus der Frühphase der Schreibschule überliefert sind. Wie bei der monastischen Ausrichtung kaum anders zu erwarten, war die Anlehnung an Vorbilder des Hirsauer Reformkreises in Schrift und Buchschmuck sehr eng und blieb in der zweiten Hälfte des 12. Jahrhunderts weiterhin bestimmend.[5] Charakteristisch für die künstlerische Ausgestaltung der Bände sind meist in roter Federzeichnung ausgeführte Spaltleisteninitialen mit ineinander verschlungenen Ranken, die in so genannte Knollenblätter auslaufen. Gelegentlich ersetzen Drachen ganze Buchstaben oder deren Teile. Farbige Gründe werden eher zurückhaltend verwendet.

Umso überraschender ist es, dass im frühen 13. Jahrhundert eine Gruppe von Handschriften entstand, in denen eine weitgehende Abkehr von der alten Tradition deutlich wird. Mit dem Übergang zur aufwendigeren Deckfarbenmalerei öffnete sich das Skriptorium einer aus verschiedenen Quellen gespeisten bildlichen Überlieferung und wagte sich an umfangreiche Aufgaben für den eigenen Konvent wie für auswärtige Besteller. Gerne wüsste man, welche Rolle Abt Witelo (1201–1221), der nach der Resignation seiner beiden Vorgänger aus der Hersfelder Propstei Göllingen ins Peterskloster gekommen war, dabei gespielt hat und ob er sich um geeignete Lehrer kümmerte, die die neue Technik vermitteln konnten. Vor allem wird man jedoch nach den künstlerischen Vorlagen fragen, ohne die ein solcher Prozess nicht denkbar ist, und versuchen, deren Anteil an der Entwicklung eines dem Inhalt angemessenen Ausstattungskonzepts für die jeweilige Handschrift abzuschätzen. Als auch stilistisch verwandt schließen sich ein Evangeliar in London (British Library, Ms. Add. 14813), ein Privatpsalterium in Hamburg (Staats- und Universitätsbibliothek, Cod. in scrin. 84) und ein mit der Sammlung de Rossi 1921 in die Vatikanische Bibliothek gelangtes Missale (Ross. 181) eng zusammen, denen als fortschrittlichstes Glied ein Evangeliar in Pommersfelden (Schlossbibliothek, Hs. 249/2869) anzufügen ist.[6]

Die älteste erhaltene Handschrift aus dieser Gruppe, das Londoner Evangeliar Add. 14813, ist durch einen Besitzeintrag des 13. Jahrhunderts für das Peterskloster gesichert. Dem Text vorangestellt ist eine zweizonige Miniatur (f. 4v; Abb. 12), die im oberen Register eine Maiestas Domini zeigt: Mit den vier Evangelistensymbolen um den in einer Mandorla thronenden Christus wird die Einheit der Evangelien symbolisiert. Dieses seit der karolingischen Schule von Tours für Bibel- und Evangeliarhandschriften geradezu kanonisch gewordene Bildmotiv ist um die Darstellung von Petrus und Paulus in der unteren Zone erweitert. Ihren Schutz und ihre Fürbitte erflehen zwei Mönche, die sich den Klosterpatronen über die Rahmenleiste hinweg zuwenden. Den einzelnen Evangelien geht, eine spätantike Tradition weiterführend, das Bild ihres Autors am Schreibpult voran. Während Johannes (f. 90v) die Feder anspitzt – sein Buch ist noch leer –, blickt Matthäus (f. 6r), gleichfalls nach rechts gewandt, von der Arbeit auf. Markus (f. 38v; Abb. 10) sitzt frontal auf einem mächtigen Pfostenthron, das Pult mit dem geöffneten Codex zwischen die Beine gerückt. In den Händen hält auch er Feder und Radiermesser. Lukas (f. 56v; Abb. 8) schließlich – im Profil nach links, das Pult zwischen den Knien – schreibt den Beginn der Evangelienerzählung auf eine Schriftrolle.

Schon vor fast 100 Jahren vermerkte Arthur Haseloff im Anschluss an die umfangreiche Ausstellung zur mittelalterlichen Kunst in Sachsen und Thüringen, die im Herbst 1903 in Erfurt stattgefunden hatte, dass dem Londoner

Lukas ein Vorbild zugrunde liegt, das noch für den Johannes des Pommersfeldener Evangeliars (f. 126v; Abb. 9) Verwendung gefunden hat. Den drei anderen Evangelistentypen des Add. 14813 begegnet man in Markus, Lukas und Matthäus des Missales der Vatikanischen Bibliothek, wo sie wichtigen Evangelienperikopen zugeordnet sind. Diese Handschrift, welche die Texte zur Feier der heiligen Messe für die Zeit von Ostern bis zum Ende des Kirchenjahrs umfasst, wurde im Peterskloster zumindest bis in die zweite Hälfte des 15. Jahrhunderts, liturgisch jeweils auf den neuesten Stand gebracht, benutzt.

Wenn auch bei der Gestaltung der Gewänder wie der Konstruktion der Sitzmöbel und der Architekturversatzstücke die Motive variieren, ist doch die Verwandtschaft der drei Evangelisten im Rossianus 181 – Markus, der im Schreiben innehält (f. 24v); Lukas, der die Feder spitzt (f. 77r); Matthäus, der frontal hinter seinem Pult platziert wurde (f. 107r; Abb. 11) – mit jenen im Londoner Add. 14813 so eng, dass sie nur durch ein gemeinsames Vorbild erklärt werden kann. Eine Ahnung davon, wie dieses ausgesehen haben mag, erlauben die Evangelistendarstellungen im lange verschollenen Samuhel-Evangeliar, das heute wieder im Quedlinburger Schatz verwahrt wird. Zwar werden die Autoren in dieser karolingischen Handschrift von ihren Symbolen begleitet, doch finden die Figurentypen der beiden nach rechts gewandten wie des frontal gegebenen Evangelisten hier in Matthäus, Markus und Lukas (f. 17v, 66v, 102v) bereits ihre charakteristische Ausprägung. Entsprechende Vorlagen, möglicherweise durch ottonische Kopien vermittelt, aber auch Anregungen aus anderen – etwa bayerischen – Buchmalereiwerkstätten und die Verwendung zeitgemäßer Requisiten wie des Federmessers müssen also Eingang in die Entwicklung eines eigenständigen Evangelistenbildes im Erfurter Peterskloster gefunden haben.

Als Buchtyp, der alle zur Feier der heiligen Messe benötigten Texte in einem Codex vereint, ging das Missale aus einem im 13. Jahrhundert zum Abschluss kommenden Prozess mit manchen Zwischenstufen hervor.[7] Noch bis ins 12. Jahrhundert wurden die gesungenen Partien, die Lesungen und Gebete in getrennten Büchern für Schola cantorum und Vorsänger, den Subdiakon bzw. Diakon und den Priester niedergeschrieben. Aus dem doppelten Bedürfnis, den jeweiligen Band entsprechend seiner Verwendung im Gottesdienst kostbar auszustatten und zugleich eine leichtere Orientierung zu ermöglichen, hatten sich gewisse Konventionen ausgebildet, mit Hilfe von Initialen und Miniaturen Textanfänge zu markieren und wichtige Feste im Laufe des Kirchenjahrs herauszuheben. Daran knüpfte man im Skriptorium auf dem Erfurter Petersberg an, als man mit dem Rossianus 181 vermutlich zum ersten Mal in diesem Kloster ein Buch schuf, das dem Priester die verschiedenen Einzelstücke zu einheitlichen Formularen geordnet an die Hand gab. Inzwischen war es üblich geworden, dass er alle Texte der Messe mitbeten oder – etwa in Erfüllung der gerade in den Klöstern übernommenen Verpflichtungen, in verschiedenen Anliegen Messen zu lesen – ohne Chor und Lektoren zelebrieren musste.

Wie bereits in Sakramentaren, den Codices mit den Messorationen, seit dem 11. und 12. Jahrhundert zunehmend häufiger zu beobachten, wurde auch im Missale der Vaticana das Eucharistische Hochgebet dem Formular für den Ostergottesdienst vorangestellt und durch drei ganzseitige Miniaturen besonders betont: An die Zierseite zur Präfation schlossen sich zum „Te igitur", dem eigentlichen Beginn des Canon missae, Darstellungen der Kreuzigung Christi und der Kreuzabnahme an. Dieser Konnex wurde zerstört, als man in der zweiten Hälfte des 15. Jahrhunderts aus praktischen Erwägungen in der Mitte des Buchs eine Lage mit dem neugeschriebenen Kanontext einfügte und die alte Kreuzigungsminiatur als Kanonbild wieder verwendete. Die ursprüngliche Inszenierung der Miniaturenfolge, bei der die beiden Passionsereignisse den Szenen aus dem österlichen Wirken Jesu im Proprium de tempore vorangingen, lässt sich somit nur noch gedanklich rekonstruieren.

Die Präfationszierseite (f. 16v; Abb. 13) mit dem sorgfältig auf Goldgrund geschriebenen Text kombiniert eine seitenhohe „P(er omnia secula seculorum)"-Initiale zum einleitenden Dialog mit der seit alters her gebrauchten Ligatur der Buchstaben „V(ere)" und „D(ignum)", deren gemeinsame Mittelhaste durch den sie schneidenden Kürzungsstrich zum Kreuzzeichen wird. Doch nur wem diese Buchstabenverbindung vertraut ist, wird sie als Gerüst für die besondere Lösung des Buchmalers überhaupt erkennen. Geschickt hat er die äußeren Rundungen der Majuskeln durch biegsame Drachenleiber ersetzt; die Mittelhaste ist zu zwei Halbkreisen auseinander gezogen und umfängt so mandorlaförmig die zierliche Figur eines Maiestas-Christus. Zwei Engel mit großen Flügeln tragen dieses Gebilde an den Enden der seitlichen Kreuzbalken. Man braucht sich nur bewusst zu machen, dass die Darstellung der Herrlichkeit Gottes dem Sanctus, dem Dreimalheilig der Engelchöre, auf der folgenden Rectoseite (f. 17r, heute 127br) gegenüberstand, um den engen Bezug von Bild und Text zu erkennen. Dieser Zusammenhang vermag auch einen Fingerzeig auf die im Erfurter Peterskloster verfügbaren Vorlagen zu geben. Die Präfationszierseite des auf das Jahr 1159 datierten Ratmann-Sakramentars (f. 118v) im Hildesheimer Domschatz (DS 37) zeigt nämlich eine weitgehend entsprechende Anordnung von Textzeilen und Initialen, im Rahmen allerdings zusätzlich die vier Kardinaltugenden; der V+D-Ligatur ist ein Clipeus mit dem Lamm Gottes aufgelegt, dem sich gleichfalls zwei Engel, hier mit Schriftbändern des Sanctus und Agnus Dei, zuwenden.[8] Durch den Hinweis auf Hildesheimer Handschriften aus dem dritten Viertel des 12. Jahrhunderts wird ein zweiter Vorlagenkreis erschlossen, dem das Skriptorium des Petersklosters verpflichtet war.

Entsprechend einer bis in karolingische Sakramentare zurückreichenden Tradition darf man zum Kanonbeginn ein Bild der Kreuzigung Christi erwarten. Bemerkenswert ist nun, dass man sich nicht einfach mit der Szene von Maria und Johannes unter dem Kreuz begnügte. Die vielfigurige Kreuzigung des Rossianus 181 (f. 17v, heute 127bv; Abb. 14) führt mehrere Ereignisse auf Golgatha vor Augen: die Annagelung Jesu, die von drei kleinen Schergen vollzogen wird, das Mitleiden Mariens, die ohnmächtig Johannes in die Arme sinkt, und schließlich das Bekenntnis des Hauptmanns, der neben dem Schwammträger und dem Soldaten mit der Lanze auf der rechten Seite der Miniatur steht. Doch geht es – nimmt man die Kreuzabnahme (f. 18r; Abb. 15) hinzu – nicht allein um eine Vergegenwärtigung des historischen Geschehens; denn beide Darstellungen bargen für mittelalterliche Theologen vielfältige Bezüge auf die Feier der Eucharistie. So wird die Kreuzigung in den beiden oberen Ecken um kleine Szenen der Aufrichtung der Ehernen Schlange durch Moses und der Opferung Isaaks durch Abraham ergänzt. In diesen alttestamentlichen Ereignissen sind gemäß einem damals weit verbreiteten typologischen Verständnis Vorausdeutungen auf Christi Opfertod zu sehen. Auch die Kreuzabnahme, eingefasst von einem breiten Rahmen, der wie in Nischen Brustbilder von sieben Päpsten aufnimmt, ist auf das Eucharistische Hochgebet bezogen. Die Päpste halten nämlich Spruchbänder mit jenen Abschnitten aus dem Canon missae, die sie der Überlieferung nach dem Text eingefügt haben sollen. Ähnlich waren schon im erwähnten Ratmann-Sakramentar (f. 119r) zuseiten des Kanontextes Medaillons mit Papstbüsten angeordnet, die in den Umschriften – angeregt durch mittelalterliche Liturgietraktate – jene Partien aus dem Messformular nennen, die dem betreffenden Papst zugeschrieben wurden.[9]

Ohne jedem einzelnen Motiv der Miniaturen von Kreuzigung und Kreuzabnahme nachgehen zu können, sei die Aufmerksamkeit auf einen weiteren Vorlagenbereich gelenkt, der den Buchmalern im Peterskloster zur Verfügung stand. Schon der durch verehrendes Küssen des Kanonbilds beschädigte Körper des Gekreuzigten mit dem ausdrucksvollen, auf die Schulter gesunkenen Haupt verrät byzantinischen Einfluss. Doch auch die vielfigurige Szene selbst setzt letztlich ein mittelbyzantinisches Vorbild voraus, wobei jedoch für Einzelheiten wie den Lanzenträger im Kettenhemd westliche Traditionen nachzuweisen sind. Besonders deutlich wird der Anschluss an östliche Kunst bei der Kreuzabnahme. Maria am linken Rand und Joseph von Arimathia vor dem Kreuz halten gemeinsam den stark durchgebogenen Leib Jesu. Auf der anderen Seite erhebt Johannes trauernd die im Mantelumhang verhüllten Hände, während ein Gehilfe die Nägel aus den Füßen des Verstorbenen entfernt. Zieht man das um 1200 entstandene Kreuzabnahmefresko in der Krypta der Kathedrale von Aquileia mit einer erstaunlich ähnlichen Gestaltung des Themas zum Vergleich heran, wird man zudem eine Vermittlung byzantinischer Vorbilder durch italienische Kunstwerke nicht ausschließen wollen.

Waren für die bisher besprochenen Miniaturen des Erfurter Missales die Wurzeln vor allem im Buchschmuck von Evangeliaren und Sakramentaren zu suchen, können für die Bildauswahl im Proprium de tempore und Proprium de sanctis zusätzlich Anregungen durch die Ausstattung der Lektionare (Epistolare und Evangelistare) wie der Gradualien angenommen werden. In diesen Codices sind – analog den Sakramentaren – die jeweiligen Lesungsabschnitte (Perikopen) bzw. die gesungenen Teile der Messe gewöhnlich in der Reihenfolge des Kirchenjahres niedergeschrieben; oft werden die zentralen Ereignisse aus dem Weihnachts- und dem Osterfestkreis sowie wichtige Heiligengedenktage, zuweilen aber auch regional bedeutsame Feste durch historisierte Initialen oder Miniaturen ausgezeichnet. Am Formular des Rossianus 181 für die Ostermesse lässt sich besonders gut zeigen, wie man im Skriptorium des Petersklosters traditionelle und neue Bilderfindungen zu einem stringenten Textbezug nutzte.

Der Osterintroitus „Resurrexi et adhuc tecum sum" spricht das Festgeheimnis der Auferstehung an. Und so verwundert es den heutigen Betrachter der halbseitigen Miniatur zum Eingangsgesang (f. 22v; Abb. 16) kaum, Christus aufrecht im Grabkasten, flankiert von zwei flügellosen Begleitern, in den Kopf der R-Initiale eingefügt zu finden. Den schlafenden Wächtern wurde außerhalb dieses heiligen Bereichs auf dem Rücken eines Drachen, der den Schrägstrich des Buchstabens ersetzt, und in den Ranken, die aus seinem Maul herauswachsen, ihr Platz angewiesen. Doch so naheliegend solch eine Illustrierung des Introitustexts, der am rechten Rand der Miniatur mit goldenen Majuskeln geschrieben steht und dem sich ein Priester in Orantenhaltung zuwendet, zu sein scheint: Die Darstellung der Auferstehung muss für die Zeit um 1200 als relativ neuartig angesehen werden; eine lange Bildtradition gab es damals noch nicht. Es ist daher wohl kein Zufall, dass sich die Erfurter Miniatur formal einer Gruppe von niedersächsisch-mitteldeutschen Ausprägungen des Themas zurechnen lässt, zu deren frühesten Beispielen eine Initiale im Hildesheimer Ratmann-Sakramentar (f. 75r) gehört. Beachtung verdienen außerdem die beiden Begleiter Jesu, die sich mit ihren Spruchbändern dem Herrn zuwenden, der ihnen, gleichfalls mit einem liturgischen Text, antwortet. Auch in den Osterspielen, die um 1200 erstmals fassbar werden, bediente man sich zur Gestaltung des von den Evangelien nicht berichteten Auferstehungsvorgangs solcher liturgischer Formeln für den Dialog zwischen dem Auferstehenden und den ihn rufenden Engeln. Doch sollte man darin weniger eine wechselseitige Beeinflussung dieser beiden Kunstformen sehen, als vielmehr die prägende Kraft der gemeinsamen Quelle, nämlich der Liturgie, betonen.

Als weitere Osterminiatur wurde im Missale der Vaticana dem Evangelium das Bild der Frauen am leeren Grab (f. 25r; Abb. 17) vorangestellt. Der Evangelist Markus auf der gegenüberliegenden Versoseite ist ihm als Autor der Frohen Botschaft zugeordnet. Sein Symbol, der Löwe, und die gleichfalls in den Rahmen eingefügten Personifikationen der Paradiesflüsse verweisen auf das Heil, das den Getauften durch Christi Auferstehung zuteil werden soll. Für das traditionelle Motiv selbst, mit dem man seit Jahrhunderten die österlichen Ereignisse vor Augen führte, ist dem Initial-M der Evangelienperikope, das von einem entlang des Schriftspiegels aufgerichteten Drachen im Maul getragen wird, ein kreisrunder Rahmen aufgelegt. Darin erblickt man einen auf dem geöffneten Sarkophag sitzenden Engel, der sich den von rechts herantretenden drei Frauen zuwendet. Außer kugeligen Salbbüchsen halten diese jeweils mit ihrer Linken ein Weihrauchfass. Hier darf man in Analogie zu anderen Darstellungen der Ostergeschehnisse, in denen man sich etwa für die Spruchbänder liturgischer Texte bediente oder wo Engel mit der Dalmatik, dem Gewand der Diakone, bekleidet sind, eine Anregung vonseiten der liturgischen Osterfeiern vermuten. Aufschlussreich ist in diesem Zusammenhang die Anweisung für eine solche szenische Vergegenwärtigung im so genannten Rheinauer Liber Ordinarius, der Gewohnheiten der Hirsauer Reform festhält: Bei der „Visitatio sepulchri“ am Ostermorgen sollte jeder der drei Geistlichen, die in weißen Gewändern und mit verhüllten Häuptern als die drei Frauen zum Grab Christi gehen, ein Weihrauchfass mit sich tragen.

Ein Interesse an komplexeren theologischen Zusammenhängen, das bereits in den Miniaturen zum Canon missae spürbar ist, dürfte auch für die ungewöhnliche Fassung des Bildthemas zum Pfingstfest (f. 64r; Abb. 18) wirksam geworden sein. Der Initialbuchstabe „S“ des Introitus „Spiritus domini“ ist als Gerüst der Darstellung gerade noch zu ahnen. In den unteren Bogen schmiegt sich ein in grüne Wellen eintauchender Bootskörper. Drei Arkaden im Schiffsbauch bilden ein Sockelgeschoss für den darüber liegenden hohen Raum, der von je einem Turm flankiert wird. Hier haben fünf Apostel, Petrus betont in ihrer Mitte, Platz gefunden. Auf ihre Köpfe führen rote Strahlen hinab, die von Christus ausgehen. Er erscheint über ihnen in einer auf den breiten Pergamentrand auskragenden Nische und sendet, wie seine Verheißung auf dem Spruchband verkündet, den Heiligen Geist. In der Drillingsarkade und den Torbögen der beiden Türme wenden sich insgesamt fünf Männer den Aposteln zu. Als Vertreter der zu Pfingsten in Jerusalem versammelten Völkerscharen werden sie Zeugen des Geschehens, das zwei Propheten von seitlichen Nischen aus mit ihren Spruchbandtexten kommentieren. Stellt man zum Vergleich die Pfingstminiatur im Stammheimer Missale (f. 117v) daneben, einer um 1170/80 entstandenen Schwesterhandschrift des Ratmann-Sakramentars,[10] wird die Vorbildhaftigkeit entsprechender Darstellungen einleuchten. Doch die Maler im Erfurter Peterskloster – oder schon ihre unmittelbare Vorlage – setzten eigene Akzente. Der in der Hildesheimer Handschrift in einem Medaillon isoliert wirkende Christus ist nun aktiv in das Geschehen eingebunden; die an eine Stadtmauer erinnernde Architekturkulisse wurde verändert und um die Schiffssilhouette bereichert. Damit wird das Pfingstereignis, die Sendung des Geistes, stärker betont und zugleich die Heilsdimension des Geburtstags der Kirche angedeutet. Denn mit den drei Gestalten im Schiffsrumpf unter der Drillingsarkade – einer davon in der typischen Haltung Noahs, der die Taube erwartet – wird in einer zweiten Sinnschicht ein Bild der Arche evoziert, die man gemäß typologischem Verständnis auf das Pfingstfest bezogen hat: Wie die Menschen in der Arche vor der Sintflut Schutz fanden, so werden die durch die Taufe in die Kirche Aufgenommenen gerettet werden.

Ohne auf alle Miniaturen des Rossianus 181 eingehen zu können, muss doch noch der Zierbuchstabe zum Trinitatisfest (f. 128r; Abb. 19) näher betrachtet werden. Die große B-Initiale, die auf gerahmtem Goldgrund fast den gesamten Schriftspiegel beansprucht, ist in farbige Leisten gespalten, die an den Enden der Hasten ineinander verflochten sind und aus einer Tiermaske am Schnittpunkt der Bögen sorgfältig mit dem Zirkel konstruierte Spiralranken in „Kopf" und „Bauch" des Buchstabens entsenden. Jeweils im Zentrum der sich kunstvoll überschneidenden Kreisschlingen sitzt ein Oktopusblatt mit biegsamen, Fangarmen ähnlichen Spitzen. In den Ranken tummeln sich zierliche Vierbeiner und Vögel, an den Rändern kleine droleriehafte Gestalten: Ein Fiedler dreht sich nach einer Tänzerin um; zwei Männer gehen mit Keulen aufeinander los; Bauern mit Axt oder Spaten und ein Bogenschütze sind ebenso zu finden wie zwei Falkner, deren Pferde von vorn bzw. hinten gegeben werden; eine Gans mit Weihrauchfass und ein Hase mit Kreuzstab begleiten die von Hunden getragene Bahre mit einem toten Wildschwein. All diesem wenig frommen Treiben wendet in der oberen rechten Ecke ein Priester den Rücken zu. Seine Aufmerksamkeit gilt dem Introitus „Benedicta sit sancta trinitas", der in einer schmalen Spalte neben der Miniatur geschrieben steht. Vielleicht darf man in ihm – sein Name „HERWARDUS" ist in die Rahmenleiste notiert – den Cantor des Klosters sehen, ein Amt, mit dem ihm dann auch die Sorge um die Bücher und die Aufsicht im Skriptorium übertragen gewesen wäre.

Man mag sich fragen, was die Maler im Peterskloster dazu bewogen haben könnte, zum Fest der Dreifaltigkeit eine Initialzierseite zu wählen, die jeden Bezug zu dessen dogmatischer Aussage vermissen lässt. Angeboten hätte sich das aus der Illustration des Messkanons schon im 12. Jahrhundert belegte Motiv des Gnadenstuhls. Doch vermutlich führte einfach das Fehlen eines entsprechenden Vorbilds dazu, einen ganz anderen Weg zu beschreiten. Die Rankeninitiale bringt mit ihren Drolerien nämlich ein gegenüber romanischen Zierbuchstaben neues Element und verrät in der Ornamentik die Abhängigkeit von den damals modernsten Arbeiten des „Channel Style", wie er sich in Skriptorien zu beiden Seiten der Kanalküste ausgebildet hatte. Den Buchmalern im Peterskloster dürfte ein dort entstandener Psalter zugänglich gewesen sein, dessen typische Eingangsseite zum 1. Psalm („Beatus vir") sie für ihre Aufgabe adaptierten: Dazu brauchten sie lediglich den Priester Herwardus an jene Stelle zu setzen, die bisweilen der Figur Davids zukommt.

Eine ähnlich aufwendige Beatus-Seite findet sich im Hamburger Psalter Cod. in scrin. 84 nicht, der etwa zur gleichen Zeit wie das Missale Ross. 181 entstanden ist. Jedoch belegen die Rankeninitialen zu Psalm 1 und 101 (f. 14r, 103r) ihrerseits die Abhängigkeit von der „Channel Style"-Ornamentik. Die Miniaturen erlauben darüber hinaus weitere Einblicke in den Umgang mit dem Vorlagenmaterial im Erfurter Skriptorium. Dem Psaltertext vorangestellt sind vier Ereignisse aus dem Leben Jesu von der Verkündigung an Maria bis zur Versuchung durch den Teufel. Eingeleitet wird die Folge von einer Kreuzabnahme (f. 8r; Abb. 23), die in denkbar größtem Gegensatz zu der entsprechenden Darstellung im Ross. 181 steht. Zwar liegt wiederum ein byzantinisches Schema zugrunde; doch während die Miniatur im Missale eine gleichsam ikonenhafte Ruhe ausstrahlt, ist im Psalter die Aktion zu einer dramatischen Inszenierung des Geschehens gesteigert. Wird man hier mit einem weiteren Vorbild rechnen müssen, so konnten die Maler für die Maiestas Domini (f. 102v; Abb. 20) und wohl auch für die Dreifiguren-Kreuzigung (f. 57v) auf den schon bekannten Mustervorrat zurückgreifen. Aus derselben Quelle stammt schließlich die Q-Initiale zu Psalm 51 (f. 58r; Abb. 22), die einen Engel im Kampf mit dem Drachen zeigt. Der Vergleich mit einer Initiale im Missale der Vaticana zum Fest des Erzengels Michael (f. 112v), die das Thema variiert, lässt vermuten, dass beide Motive aus einer Darstellung ähnlich der des Engelsturzes im Stammheimer Missale (f. 152r) abgeleitet wurden, in welcher der Engelsfürst mit mehreren Mitstreitern die Teufel besiegt.[11]

Dass der Hamburger Psalter nicht für die Mönche selbst bestimmt war, verrät die Miniatur der thronenden Gottesmutter mit dem Jesusknaben vor Psalm 1 (f. 13v; Abb. 21). Neben der Jungfrau kniet anbetend eine vornehm gekleidete Dame. Es handelt sich also um ein Privatpsalterium, wie es seit der zweiten Hälfte des 12. Jahrhunderts zunehmend für adlige Laien üblich wurde. Man denke etwa an das Psalterfragment in London, das Heinrich den Löwen und seine Frau Mathilde fürbittend unter dem Kreuz zeigt,[12] oder an die kostbaren Psalterhandschriften vom Hof der thüringischen Landgrafen.[13] Wie auch Erzählungen in Chroniken oder Heiligenviten belegen, dienten solche Psalterien als Gebetbuch hochgestellter Persönlichkeiten aus dem Laienstand, sie gehörten zum Erbgut der Frauen. (Erst im späten Mittelalter treten die Stundenbücher an ihre Stelle.) Im Codex in scrinio 84 zeugen die von verschiedenen Händen im Kalendar verzeichneten Sterbetage und zahlreiche, teilweise in der Volkssprache nachgetragene Gebete – einige sicher für eine Beterin – von einem intensiven Gebrauch bis ins 14. Jahrhundert. Namen wie Dialekte weisen in den mitteldeutschen Raum. Vielleicht ist der Auftraggeber im Umkreis der Vögte des Erfurter Petersklosters, der Grafen von Tonna-Gleichen, oder der mit ihnen verwandten Grafen von Beichlingen zu suchen.

Völlig offen bleibt die Frage nach den Entstehungsumständen beim Pommersfeldener Evangeliar Hs. 249/2869. In der zu einem Dedikationsbild erweiterten Maiestas Domini (f. 12r) präsentiert die Gottesmutter ihrem Sohn einen Codex, in dem man das Evangelienbuch selbst erkennen darf. Da die Darstellung jedoch nicht über das Stadium der Vorzeichnung hinausgekommen ist, fehlt jeder Anhaltspunkt, um die kleine (Kleriker?-)Figur zu Füßen Marias sicher als den Stifter der Handschrift oder einen an ihrer Herstellung beteiligten Künstler zu identifizieren. Rätselhaft erscheint zudem, dass – vermutlich nach einer Planänderung – lediglich die sieben letzten Kapitel des Lukas-Evangeliums und das Johannes-Evangelium mit insgesamt 34 Miniaturen illustriert wurden. Zusammen mit den Evangelistenbildern und den Zierseiten der Evangelienanfänge machen sie den Ruhm des so genannten Erfurter Codex Aureus aus. Da im frühen 13. Jahrhundert kaum mehr Evangeliare geschrieben wurden, muss man bedauern, über den Auftraggeber und seine Absichten nichts in Erfahrung bringen zu können. Ob hier ottonische Prachthandschriften den Anstoß gegeben haben und damit ein ähnlicher Anspruch vertreten werden sollte wie beim Evangeliar Heinrichs des Löwen,[14] wird sich wohl nie klären lassen.

Es fällt auf, dass für die Evangelienszenen nur selten ganzseitige Miniaturen gewählt wurden. So schöpfte der Künstler bei der Himmelfahrt Christi (f. 125r) aus dem im Skriptorium vorhandenen Motivvorrat, doch verteilte er das Geschehen über zwei Zonen: Um Maria und den jugendlichen Johannes, die beide durch Nimben ausgezeichnet sind, scharen sich die Jünger. Sie blicken zu Christus auf, der in einer von einem Engelpaar getragenen, goldenen Mandorla vor der durch einen eigenen Rahmen umschriebenen himmlischen Sphäre erscheint. Bei der Schilderung der Begegnung Jesu mit der Samariterin am Jakobsbrunnen (f. 132r) boten die beiden Register dem Miniator die Chance, zwei Episoden vor Augen zu führen: Die obere Hälfte ist dem Gespräch zwischen Christus und der Frau vorbehalten; in der unteren treten die von ihr aus dem Dorf gerufenen Leute dem Herrn gegenüber, hinter dem sich die Jüngergruppe versammelt hat.

In der Regel allerdings hat der Schreiber nur Platz für annähernd halbseitige Miniaturen ausgespart, die, ober- bzw. unterhalb der Kolumne oder in den

Schriftspiegel eingeschoben, meist mit genauem Textbezug das jeweilige Ereignis ins Bild umsetzen. Dabei begegnen neben bekannten Themen auch solche, für die kaum Parallelen in der christlichen Kunst zu benennen sind. Ohne auf die Vorlagenfrage im Einzelnen eingehen zu können, sei auf wenige Besonderheiten aufmerksam gemacht. Für den knappen Bericht über die Vertreibung der Händler aus dem Tempel im Lukas-Evangelium (Kap. 19, 45–46), der wie eine Bilderläuterung direkt unter der Miniatur steht, hat der Maler eine überzeugende Lösung gefunden (f. 114r, Abb. 24). Der Betrachter sieht in den durch ein Gewölbe abbreviaturhaft wiedergegebenen Tempelinnenraum, wo Christus in heftiger Aktion die Geißel schwingt. Vor seinem Zorn fliehen die Händler durch die Tür ins Freie; von frommer Hand wurden ihre Gesichter zerkratzt. Ihre Habe lassen sie in der Eile zurück; nur einem jungen Mann gelingt es, ein hastig zusammengerafftes Tuch zu retten. Trotz aller Dramatik hat der Künstler Raum für ein kleines Stillleben gefunden: Am linken Rand werden ein Almosentäschchen, ein Gürtel und ein Schwertgurt feilgeboten – bei den sorgfältig auf einer Stange aufgereihten Gegenständen mag man an mittelalterliches Markttreiben denken.

Dagegen reichten für die ausführliche Erzählung von der Auferweckung des Lazarus im Johannes-Evangelium (Kap. 11) drei Miniaturen nicht aus (f. 146v, 147r, 147v, Abb. 25–27). Deshalb wurden im ersten Bild zwei zeitgleiche Episoden zusammengefasst: Martha, die eine Schwester des verstorbenen Lazarus, hat sich zu Christus begeben und fleht ihn auf Knien an. Währenddessen hält sich die andere, Maria, noch zu Hause auf, wo sie von Nachbarn getröstet wird. Erst im nächsten Bild ist sie selbst es, die sich dem Herrn zu Füßen wirft. In der letzten Darstellung springt ein Helfer in den offenen Sarg, um den gerade zum Leben erweckten, wie eine Mumie eingewickelten Lazarus zu stützen. Noch hält sich einer der Zeugen aus Furcht vor dem Leichengeruch den Ärmel vor die Nase. Doch Christus befiehlt ihnen, die Binden zu lösen und Lazarus gehen zu lassen. Die Miniaturen sind jeweils so geschickt in den Text eingefügt, dass die Bitten der Schwestern und die Aufforderung Jesu gleichsam das Stichwort für die Bildhandlung liefern.

Mit den ausgewählten Beispielen, die extreme Möglichkeiten für die Erzählstruktur der christologischen Szenen anschaulich machen, sind zugleich zwei der an der bildlichen Ausstattung des Erfurter Codex Aureus mitwirkenden Maler präsent. Bemerkenswert ist zum einen die starke Abhängigkeit von byzantinischen Vorbildern, besonders in den Kopftypen, bei jener Gruppe von Miniaturen, der auch die Lazarus-Erweckung zuzurechnen ist. Zum anderen werden – neben süddeutschen bzw. salzburgischen – mosane und englische Stilfaktoren spürbar, so bei der von westlichen Einflüssen geprägten Vertreibung der Händler. Anders als im Missale der Vatikanischen Bibliothek, wo trotz der so unterschiedlichen Vorlagen der stilistische Habitus kaum variiert, treten im Pommersfeldener Evangeliar eigenständige Künstlerpersönlichkeiten in Erscheinung. Doch will, da sie in engem Austausch standen und vermutlich Gehilfen beteiligt waren, eine sichere Händescheidung nicht immer gelingen.

Mag die Mitarbeit mehrerer Künstler ihre Gründe auch in den heute nicht mehr zu rekonstruierenden Entstehungsumständen haben, so ist der Erfurter Codex Aureus damit im frühen 13. Jahrhundert doch kein Einzelfall. Das Phänomen der Stilpluralität wird bereits im ausgehenden 12. Jahrhundert in zwei niedersächsischen Evangeliaren, heute in Trier und Wolfenbüttel, greifbar. Neben älteren Kräften, die die Helmarshausener Tradition fortsetzten, arbeiteten moderne, an westlicher Buchmalerei geschulte Miniatoren.[15] Bald nach der Jahrhundertwende muss dann jener Wanderkünstler tätig gewesen sein, der sowohl am Buchschmuck des Brandenburger Evangelistars, wahrscheinlich in Magdeburg entstanden, wie der Halberstädter Bibel beteiligt war, wo sich wiederum traditionelle von fortschrittlichen Händen scheiden lassen.[16] In seiner Bedeutung für die sächsisch-thüringische Buchmalerei um 1200 kann der Erfurter Codex Aureus diesen beiden Handschriften an die Seite gestellt werden. Und auch im Skriptorium des Petersklosters wurde zumindest ein von außen kommender Künstler herangezogen. In der Zierseite zum Lukas-Evangelium (f. 80r) hat er sich selbst die dienende Rolle eines Atlanten zugewiesen. Als tonsurierter Säkularkleriker ersetzt er die Cauda des „Q(uoniam)" und trägt das Rund des Buchstabens. Doch scheinen die Mühen der zahlreichen Kräfte nicht den gewünschten Erfolg gezeitigt zu haben. Das Evangeliar blieb letztlich unvollendet. Später wurde es der 1372 gegründeten Erfurter Kartause geschenkt, von wo es der Mainzer Erzbischof Kurfürst Lothar Franz um 1725 für die Schönbornsche Bibliothek erworben haben dürfte.

Anmerkungen

1 Anders als der Vortrag vor der Neuen Erfurter Bibliotheksgesellschaft vom 25. Juni 1999, der frei gehalten wurde und durch das vergleichende Sehen von nebeneinander projizierten Diapositiven auf visuell gestützte Vermittlung angelegt war, muss sich die schriftliche Fassung auf eine eher „nüchterne" Darlegung einiger wichtiger Grundlinien beschränken.

2 Noch immer grundlegend: Joseph Theele, Die Handschriften des Benediktinerklosters S. Petri zu Erfurt. Ein bibliotheksgeschichtlicher Rekonstruktionsversuch [...] (Zentralblatt für Bibliothekswesen, Beiheft 48), Leipzig 1920. Lediglich erste Orientierung bietet Sigrid Krämer, Handschriftenerbe des deutschen Mittelalters, Teil 1 (Mittelalterliche Bibliothekskataloge Deutschlands und der Schweiz, Ergänzungsband 1), München 1989, S. 224–233. Einzelne Angaben dieser Liste sollten stets überprüft werden; vgl. die Rezension durch Ursula Winter in: Mittellateinisches Jahrbuch 27 (1992), S. 250–255. Hier sei auf folgende Versehen hingewiesen: Berlin, Staatsbibliothek zu Berlin - Preußischer Kulturbesitz, Ms. theol. lat. oct. 76–80: sicher nicht aus Erfurt, St. Peter;

Vatikanstadt, Biblioteca Apostolica Vaticana, Ross. lat. VIII, 23 (alte Signatur) = Ross. 81 (jetzige Signatur); für das als vermisst genannte Missale aus dem 13. Jh., ehem. München, Antiquariat J. Rosenthal (Theele, Nr. 201), siehe jetzt: Auktions-Katalog Christie's, London 2. 12. 1987. The Estelle Doheny Collection. Part 2, S. 48–50, Lot 151.

3 Wolfgang Milde, Artikel Maugérard, Jean-Baptiste. In: Lexikon des gesamten Buchwesens, 2., völlig neu bearb. Aufl., Bd. 5, Stuttgart 1999, S. 94–95. Siehe auch Renate Schipke, Die Maugérard-Handschriften der Forschungsbibliothek Gotha (Veröffentlichungen der Forschungsbibliothek Gotha, 15), Gotha 1972.

4 Zur Geschichte: Matthias Werner, Die Gründungstradition des Erfurter Petersklosters (Vorträge und Forschungen, Sonderband 12), Sigmaringen 1973, bes. S. 63–78. Vgl. auch Klaus Schreiner, Hirsau und die Hirsauer Reform. Zu Lebens- und Verfassungsformen einer Reformbewegung. In: Ulrich Faust, Franz Quarthal (Bearb.), Die Reformverbände und Kongregationen der Benediktiner im deutschen Sprachraum (Germania Benedictina, 1), St. Ottilien 1999, S. 89–124.

5 Bernhard Wirtgen, Die Handschriften des Klosters St. Peter und Paul zu Erfurt bis zum Ende des 13. Jahrhunderts, Gräfenhainichen 1936. Mit Überlegungen zur Frühdatierung einiger Handschriften: Andreas Fingernagel, Die illuminierten lateinischen Handschriften deutscher Provenienz der Staatsbibliothek Preußischer Kulturbesitz Berlin, 8.–12. Jahrhundert, Teil 1 und 2 (Staatsbibliothek Preußischer Kulturbesitz, Kataloge der Handschriftenabteilung, 3. Reihe, 1), Wiesbaden 1991, S. 10–12, Nr. 7–9 mit Abb. 19–23.

6 Für ausführliche Literatur- und Abbildungsnachweise: Beate Braun-Niehr, Der Codex Vaticanus Rossianus 181. Studien zur Erfurter Buchmalerei um 1200, Berlin 1996. Ergänzend zu Cod. in scrin. 84: Jochen Luckhardt, Franz Niehoff (Hg.), Katalog Heinrich der Löwe und seine Zeit. Herrschaft und Repräsentation der Welfen 1125–1235, Bd. 1, Braunschweig 1995, Nr. G 113; Katalog Blicke in verborgene Schatzkammern. Mittelalterliche Handschriften aus Hamburger Sammlungen (Schriften aus dem Antiquariat Günther), Hamburg 1998, Nr. 10.

7 Eric Palazzo, Histoire des livres liturgiques. Le Moyen Age. Des origines au XIIIe siècle, Paris 1993, S. 45–127 (Literatur).

8 Ulrich Knapp (Hg.), Katalog Buch und Bild im Mittelalter, Hildesheim 1999, Nr. 9 mit Farbabb. 116.

9 Knapp, Katalog Buch und Bild (wie Anm. 8), Farbabb. 117.

10 Los Angeles, The J. Paul Getty Museum, Ms. 64 (97.MG.21): Handschriften und Miniaturen aus dem deutschen Sprachgebiet. Antiquariat Dr. Jörn Günther Katalog 5, Hamburg 1997, Nr. 3 mit Farbabb. S. 34 (Literatur); E. C. Teviotdale, Who was Gevehard? In: Knapp, Katalog Buch und Bild (wie Anm. 8), S. 79–90.

11 Handschriften und Miniaturen (wie Anm. 10), Farbabb. auf dem Schutzumschlag.

12 London, British Library, Ms. Lansdowne 381 I, f. 10v: Luckhardt, Katalog Heinrich der Löwe (wie Anm. 6), Nr. D 93.

13 Cividale del Friuli, Museo Archeologico Nazionale, Ms. CXXXVII: Harald Wolter von dem Knesebeck, Der Elisabethpsalter in Cividale del Friuli. Buchmalerei für den Thüringer Landgrafenhof zu Beginn des 13. Jahrhunderts (Denkmäler deutscher Kunst), Berlin 2001. Stuttgart, Württembergische Landesbibliothek, HB II 24: Felix Heinzer (Hg.), Der Landgrafenpsalter. Vollständige Faksimile-Ausgabe [...] (Codices Selecti 93), Graz/Bielefeld 1992.

14 Wolfenbüttel, Herzog August Bibliothek, Cod. Guelf. 105 Noviss. 2°: Luckhardt, Katalog Heinrich der Löwe (wie Anm. 6), Nr. D 31.

15 Trier, Domschatz, Ms. 142 bzw. Wolfenbüttel, Herzog August Bibliothek, Cod. Guelf. 65 Helmst.: Luckhardt, Katalog Heinrich der Löwe (wie Anm. 6), Nrn. G 78 u. G 80. Zuletzt: Franz Ronig, Ein romanisches Evangeliar aus Helmarshausen im Trierer Domschatz (Ms. Nr. 142/124/67), Trier 1999.

16 Brandenburg, Domstiftsarchiv: Luckhardt, Katalog Heinrich der Löwe (wie Anm. 6), Nr. G 15. Halberstadt, Domschatz, Ms 3: Luckhardt, Katalog Heinrich der Löwe (wie Anm. 6), Nr. G 49.

Abb. 8 London, British Library, Ms. Add. 14813, f. 56v: Evangelist Lukas.

Abb. 9 Pommersfelden, Schlossbibliothek, Hs. 249, f. 126v: Evangelist Johannes.

Abb. 10 London, British Library, Ms. Add. 14813, f. 38v: Evangelist Markus.

Abb. 11 Città del Vaticano, Biblioteca Apostolica Vaticana, Ross. 181, f. 107r: Evangelist Matthäus.

Abb. 12 London, British Library, Add. 14813, f. 4v: Maiestas Domini.

Abb. 13 Città del Vaticano, Biblioteca Apostolica Vaticana, Ross. 181, f. 16v: Zierseite zur Präfation.

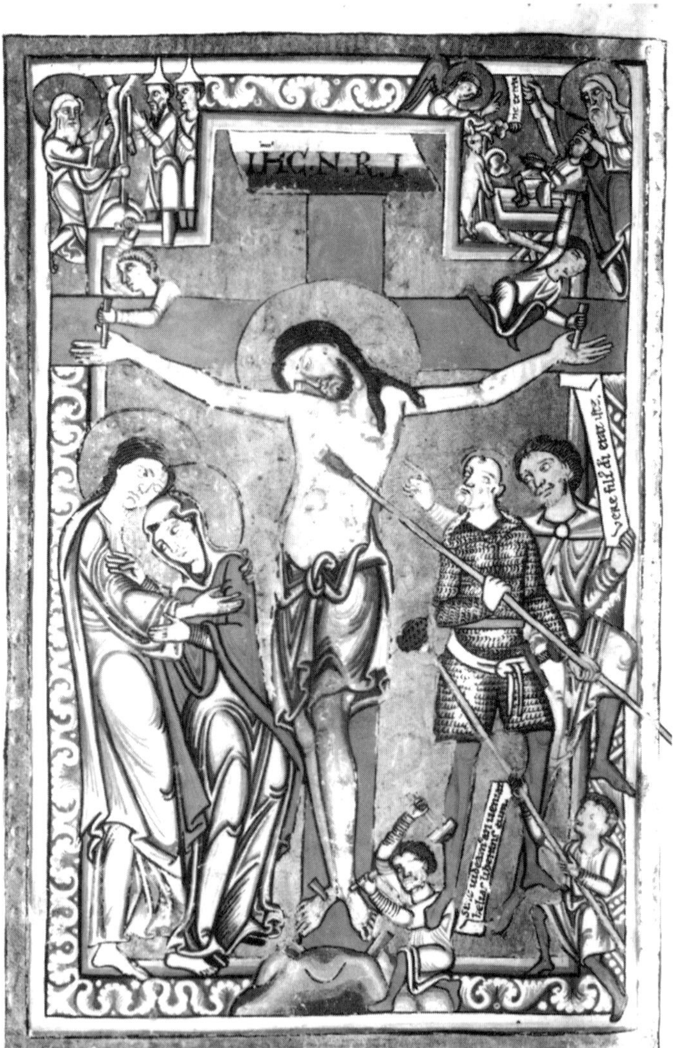

Abb. 14 Città del Vaticano, Biblioteca Apostolica Vaticana, Ross. 181, f. 17 (=127b)v: Kreuzigung Christi.

Abb. 15 Città del Vaticano, Biblioteca Apostolica Vaticana, Ross. 181, f. 18r: Kreuzabnahme.

Abb. 16 Città del Vaticano, Biblioteca Apostolica Vaticana, Ross. 181, f. 22v: Auferstehung Christi.

Abb. 17 Città del Vaticano, Biblioteca Apostolica Vaticana, Ross. 181, f. 25r: Frauen am Grab.

Abb. 18 Città del Vaticano, Biblioteca Apostolica Vaticana, Ross. 181, f. 64r: Pfingsten.

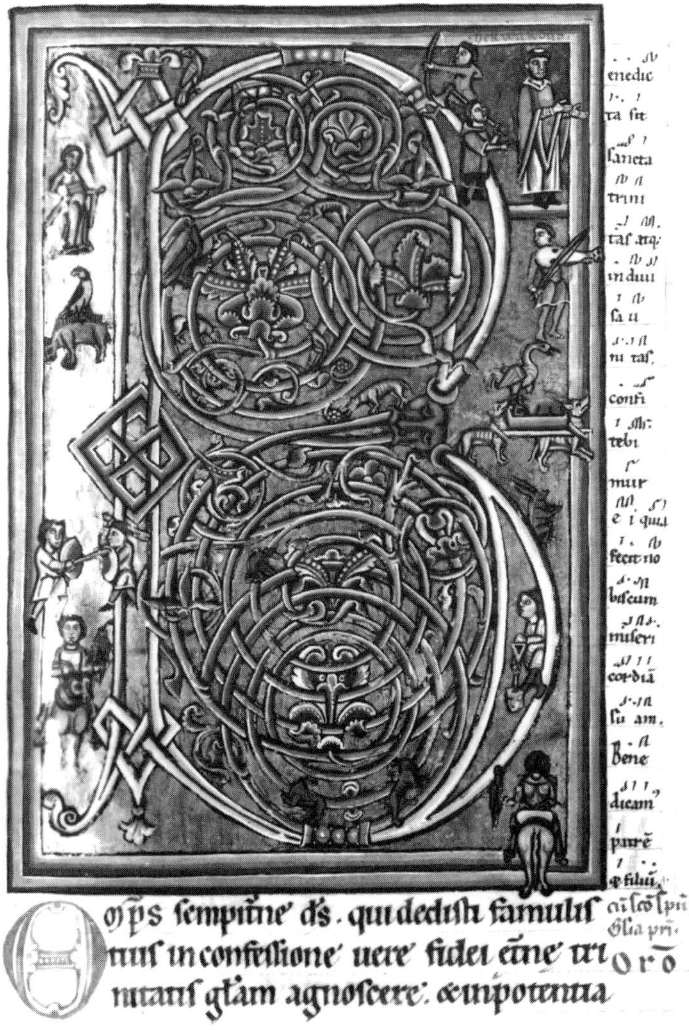

Abb. 19 Città del Vaticano, Biblioteca Apostolica Vaticana, Ross. 181, f. 128r: Trinitatis.

Abb. 20 Hamburg, Staats- und Universitätsbibliothek, Cod. in scrin. 84, f. 102v: Maiestas Domini.

Abb. 21 Hamburg, Staats- und Universitätsbibliothek, Cod. in scrin. 84, f. 13v: Madonna mit Beterin.

Abb. 22 Hamburg, Staats- und Universitätsbibliothek, Cod. in scrin. 84, f. 58r: Erzengel Michael.

Abb. 23 Hamburg, Staats- und Universitätsbibliothek, Cod. in scrin. 84, f. 8r: Kreuzabnahme.

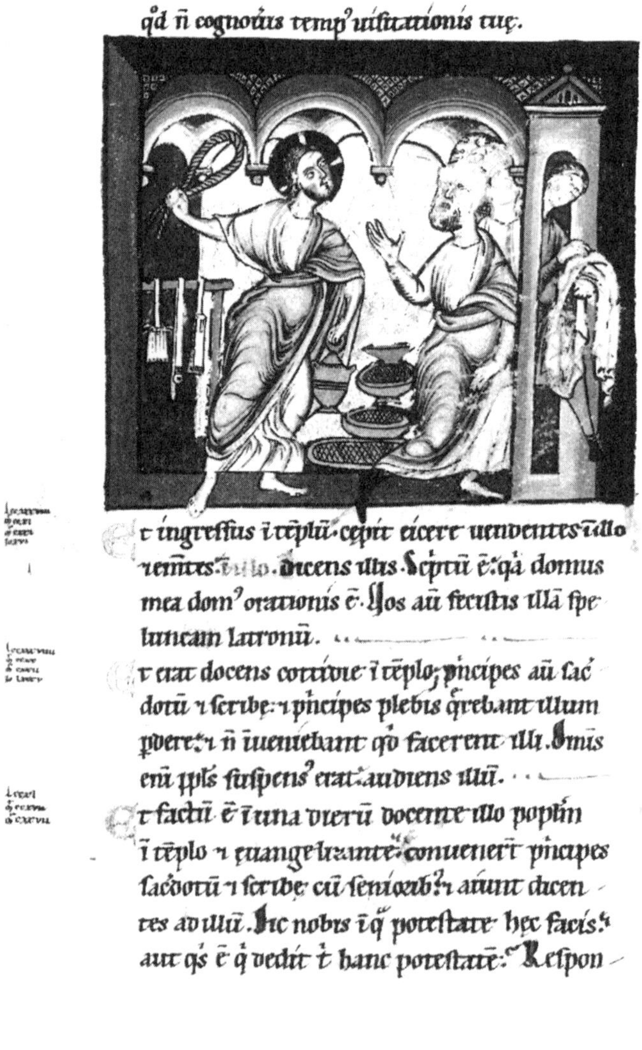
qd n̄ cognouis temp' uisitationis tuę.

Et ingressus ī templū cepit eicere uendentes ī illo et ementes. dicens illis. Scriptū ē: quia domus mea dom' orationis ē. Uos aūt fecistis illā speluncam latronū.

Et erat docens cotidie ī templo; principes aūt sacerdotū et scribe: et principes plebis querebant illum perdere: et n̄ inueniebant qd facerent illi. Omnis enī ppls suspensus erat audiens illū.

Et factū ē ī una dierū docente illo poplm ī templo et euangelizante: conuenerūt principes sacerdotū et scribe cū senioribus: et aiunt dicentes ad illū. Dic nobis ī qua potestate hec facis: aut qs ē qui dedit tibi hanc potestatē: Respon-

Abb. 24 Pommersfelden, Schlossbibliothek, Hs. 249, f. 114r: Vertreibung der Wechsler aus dem Tempel.

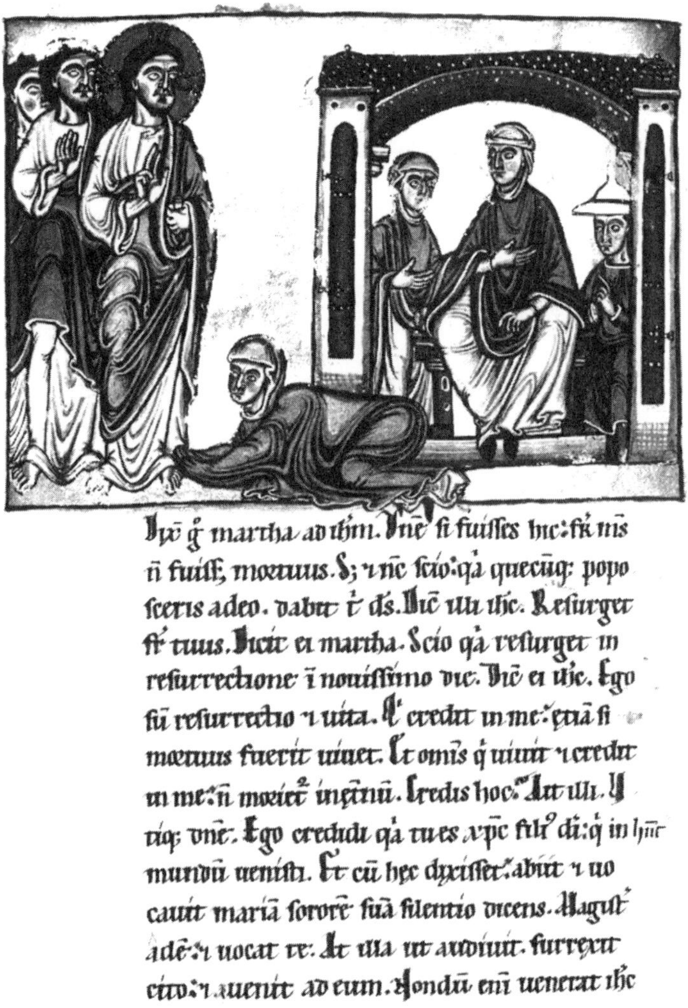

Abb. 25 Pommersfelden, Schlossbibliothek, Hs. 249, f. 146v: Martha vor Christus, Maria trauernd zu Hause.

Abb. 26 Pommersfelden, Schlossbibliothek, Hs. 249, f. 147r: Maria vor Christus.

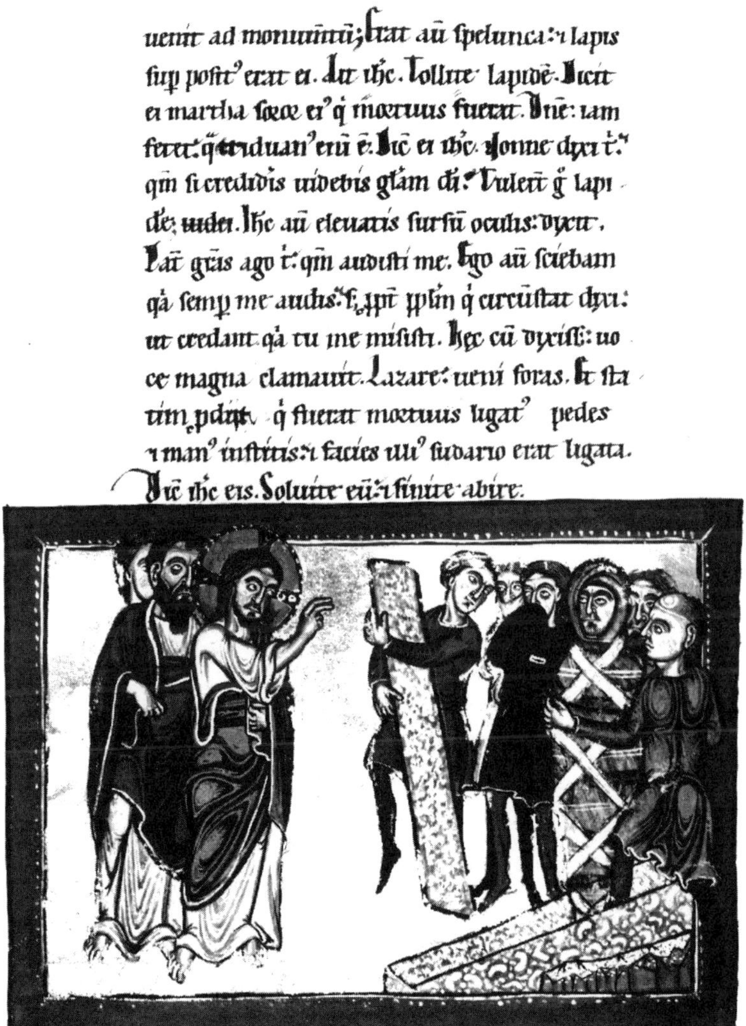

Abb. 27 Pommersfelden, Schlossbibliothek, Hs. 249, f. 147v: Auferweckung des Lazarus.

Thüringens Metropole und ihre Bibliotheken

Daten und Fakten aus der Geschichte des Erfurter Bibliothekswesens[1]

Felicitas Marwinski

Am 15. November 1999 wurden in Weimar die drei Thüringen-Bände des Handbuchs der historischen Buchbestände in Deutschland (Bände 19 bis 21) der Öffentlichkeit vorgestellt.[2] In ihnen ist Erfurt allein mit zehn Einträgen vertreten. Zum ersten Mal präsentieren sich sowohl die großen, als auch die kleineren, weniger bekannten traditionsreichen Büchersammlungen der Stadt als „Ensemble". Sämtliche Beiträge entstanden original für das Handbuch, ihre Erarbeitung wurde durch die teilweise unzulängliche Quellenlage erheblich erschwert. Manche Lücke in der historischen Berichterstattung wird sich auch künftig kaum mehr schließen lassen, falls nicht der Zufall ein bis dahin unbekanntes Dokument zutage fördert. Ein Nebeneffekt bei der Handbucherarbeitung bestand darin, dass die Bibliotheken angeregt wurden, sich mit ihrer Geschichte unter Einschluss der institutionellen Ausstrahlung und Wirksamkeit zu befassen, denn schon in der Vergangenheit benötigten die Bibliotheken, sollten sie auf Dauer bestehen können, Akzeptanz und förderndes Interesse.

Für den Handbucheintrag wurden Daten und Fakten erarbeitet, die, zueinander in Beziehung gesetzt, Anhaltspunkte für weiterführende Überlegungen geben können. Allerdings werfen sie ihrerseits wieder neue Fragen auf. Welche Stellung nahm z.B. aus heutiger Sicht Erfurt als wirtschaftliche Metropole Thüringens in der historischen thüringischen Bibliothekslandschaft ein? Welche Besonderheiten wies das Bibliothekswesen der Stadtrepublik im Vergleich zu den sie umgebenden fürstlichen Residenzstädten auf? Welche Rolle spielte der Großstadtcharakter Erfurts bei der Herausbildung bestimmter Bibliothekstypen und, nicht zuletzt, auf welche Weise beeinflusste die wechselvolle Geschichte der Stadt die städtischen Bibliotheksstrukturen? Bei dem Versuch, diese Fragen zu beantworten, fügen sich die im Handbuch enthaltenen „Bibliotheksporträts" zwar mosaikartig zusammen, doch bleiben zahlreiche Felder unbesetzt.

Es liegt im Wesen von Unternehmungen in der Größenordnung des Handbuchs, dass sie bei Erscheinen an einzelnen Stellen bereits wieder aktualisierungsbedürftig sind. Auch für Erfurt wurden nach Abschluss der Einträge neue Forschungsergebnisse publiziert. Das betraf unter anderem die Bibliothek der Augustiner-Eremiten[3] und die Bibliothek des Evangelischen Ministeriums.[4] Eine Arbeit über die Bibliotheca Boineburgica ist im Entstehen. In der Publikationsreihe der Neuen Erfurter Bibliotheksgesellschaft stellten sich die Stadt- und Regionalbibliothek,[5] die Bibliothek des Evangelischen Ministeriums[6] und die Bibliothek im Bistumsarchiv[7] vor. Nicht zu vergessen ist die Festschrift „100 Jahre Stadtbibliothek Erfurt", in der zum ersten Mal die Geschichte der Volksbibliothek zusammengetragen wurde.[8] Als der Handbuchtext geschrieben wurde, war sie noch ein Desiderat.

Erfurter Bibliotheken im 18. Jahrhundert

Über die Anzahl und die allgemeine Situation der Erfurter Bibliotheken sind aus der Vergangenheit nur wenige Mitteilungen überliefert. Wilhelm Ernst Tentzel (1659–1707), Gymnasialprofessor und Historiograph, berichtete 1704 über das damals kurmainzische Erfurt, dass nicht nur das Evangelische Ministerium eine Bibliothek besitze, aus der Struve die hebräischen Codices angeführt habe, sondern dass sich auch bei der Akademie[9] zwei öffentliche Sammlungen befänden: (1) „Zu einer haben die Catholischen den Schlüssel, welche unten in einem Gewölbe des Collegii Amploniani stehet, und ein paar Repositoria voll Manuscripta hat, die aber voller Staub und Unrath liegen, und von niemandem gebraucht werden, ob gleich viel Tractate vom Augustino und andern Patribus darunter zu sehen." (2) Die andere sei die „der Evangelischen, vor kurtzer Zeit angeleget, meistentheils von neuen gedruckten Büchern". Darunter aber auch „etliche alte Manuscripta, welche mir ... anno 1693 ... gezeiget wurden".[10] Tentzel war der erste Autor, der den traurigen Zustand der Amploniana in der Öffentlichkeit andeutete. Bis heute bereiten die Folgeschäden aus dieser Zeit den Restauratoren Probleme.

Der Dresdener Historiograph regte übrigens schon den Zusammendruck von Bibliothekskatalogen an, damit viele in Vergessenheit geratene Bücher wieder bekannt, auf jeden Fall aber nachgewiesen würden. „Zum wenigsten würde solcher gestalt gehindert, daß man nicht leicht die auf Pergament geschriebenen Bücher den Buchbindern zukommen ließe, wie zu Jena geschehen zu seyn Herr Struve meldet."[11] Kritisch merkte er an, daß man bei guten Bibliotheken nicht auf Schönheit und Menge, sondern auf Rarität und Vortrefflichkeit zu sehen habe. Der gelehrte Bibliotheksreisende Zacharias Konrad von Uffenbach (1683–1734) besuchte, vermutlich durch Tentzels Bericht veranlasst, 1709 in Erfurt die Bibliotheken des alten Augustiner-Klosters, der Universität und des Collegium Amplonianum. Er bestätigte, dass die wertvolle Sammlung „ganz vernachlässiget, und mit Staub und Schimmel überzogen" gewesen sei.[12]

1737 stellte der aus Bad Tennstedt stammende Jurist Heinrich Ernst Seebach die ihm bekannt gewordenen Nachrichten „Von den Bibliotheken in Thüringen" zusammen.[13] Er begann mit der wechselvollen „Historia der Boineburgischen Universitäts-Bibliotheck in Erffurth", deren Anfang er in das Jahr 1407 datierte, und bedauerte, dass „kein einziger Historienschreiber ... weder von der Bibliotheck überhaupt, noch von derselben ersten Anfang insonderheit etwas gemeldet".[14] Bei den Tumulten von 1509/10 seien „alle Bücher, Documenta, Brieffschafften, Manuscripta und Nachrichten herumgeworffen, zerschnitten, verderbt, zerrißen, verbrannt, zerstreuet und zertreten" worden.[15] Die aus den eingesammelten Resten neuangelegte Bibliothek hatte 1590 das Unglück, „daß sie größtentheils in Asche verkehret wurde". Die geretteten Bücher wurden in eine finstere Kammer neben dem Karzer „geschmißen", niemand kümmerte sich um die Bibliothek, keiner dachte daran, sie wieder aufzurichten. 1631, als König Gustav II. Adolf Erfurt besetzt hielt, wurde, um der Universitätsbibliothek aufzuhelfen, vorgeschlagen, deren Reste und die Bibliotheken der Klöster und ausgewiesenen Geistlichen „in eine zusammenzuschmeltzen".[16] Das Projekt kam nicht zur Ausführung. Zum vierten Mal wurde die Bibliothek unter dem Rektor Georg Christoph Petri von Hartenfels 1691 restauriert, der sich der völlig verwahrlosten Büchersammlung (circa 100 Bände) annahm. Er stellte sie neu auf und regte zu Bücherspenden an. 1716 erfolgte die Stiftung der Boineburgischen (Universitäts-)Bibliothek (9000 Bände), deren Fortbestand ein Fundations- und Donationsinstrument absicherte. Seit dem 14. November 1728 hatten erfurtische Gelehrte die Möglichkeit, sie zu benutzen. Seebach erwähnt weiterhin die Amplonianische Bibliothek,[17] über die ihm keine Informationen vorlagen und die er auch nicht gesehen hatte, die Ministerialbibliothek[18] und, lediglich dem Namen nach, die Bibliotheken des Stifts Beatae Mariae Virginis und des Severistifts, des Petersklosters, Kartäuserklosters und Augustinerklosters sowie des Jesuitenkollegs.[19]

Für den in Bibliotheksangelegenheiten sehr bewanderten Adjunkten und Gymnasialdirektor Magister Johann Andreas Fabricius (1696–1769) waren 1752 „in den Ländern des Kurfürsten von Mainz" – die thüringischen Bibliotheken behandelte er an anderer Stelle – die Bibliotheken zu Mainz und in Erfurt die Universitätsbibliothek, die Bibliothek im Benediktinerkloster St. Petri, die Bibliothek des Amplonianischen Collegiums und des Ministeriums zu den Augustinern merkwürdig.[20]

Der Erfurter Johann Joachim Bellermann (1754–1842), Professor der Theologie und der Philosophie, Orientalist, Direktor des Realgymnasiums, Sekretär der Akademie nützlicher Wissenschaften, später in Berlin Direktor des Gymnasiums zum Grauen Kloster, bedauerte gegen Ende des 18. Jahrhunderts, dass über das Erfurter Bibliothekswesen als Teil der erfurtischen gelehrten Geschichte im Drucke nichts beisammen erschienen sei:[21] „In den literarischen Werken, wo man dergleichen Nachrichten erwartet, findet man entweder nichts oder

Unrichtigkeiten."[22] In der durch Johann Christian Fischer veranlassten Neuausgabe von Struves „Introductio"[23] sei z.B. in den zwölf Zeilen über Erfurt von zwei Bibliotheken die Rede, der Amplonianischen und einer weiteren, die keine andere als die Universitätsbibliothek sein könne, „die aber eben so wenig den Evangelischen als jene den Katholiken gehöre". – Tentzel dürfte man jedoch 1693 den Sachverhalt so dargestellt haben.

Dem Kammerherrn und Publizisten Johann Friedrich Graf von Beust (1761–1821) waren Mitte der neunziger Jahre des 18. Jahrhunderts fünf Bibliotheken in Erfurt bekannt: Universitätsbibliothek, Bibliothek der Leopoldina, Ministerialbibliothek, Bibliothek der Himmelspforte und Bibliothek der Benediktinerabtei auf dem Petersberg. Am 2. März 1789 hatte der spätere Prälat Placidus Muth über „einige Merkwürdigkeiten" in der Klosterbibliothek vor den Mitgliedern der Erfurter Akademie berichtet.[24]

Von allen Autoren, die sich zu Erfurt äußerten, war Bellermann am besten informiert, denn er kannte die Verhältnisse aus eigener Anschauung. 1797 veröffentlichte er in einer kleinen Schulschrift[25] die erste kurze Übersicht[26] über das städtische Bibliothekswesen. Die nahe liegende Kombination von Bibliothek, Museum, Naturalienkabinett und Lehrmittelsammlung war ihm als Lehrer besonders wichtig. Unter den Bibliotheken nannte er an erster Stelle die Bibliothek der Kaiserlichen Akademie der Naturforscher (Leopoldina), die, 1731 in Nürnberg begründet und und seit 1736 in Erfurt (damals 194 Bände), durch die Betreuung ihres Präsidenten, des Erfurter Professors für Arzneikunde Andreas Elias Büchner (1701–1769), den Bestand vervielfacht hatte (1755: 1270 Bände; 1766: 2445 Bände; 1794: über 3000 Bände). Büchner hatte vom Stadtrat im vormaligen Augustinerkloster den feuerfesten, schön gewölbten Salon unter der Ministerialbibliothek „unentgeltlich und auf immer zur Bibliothek" erhalten.[27] Nachfolger Büchners als Bibliothekar und Betreuer der Sammlungen war Johann Hieronymus Kniphof (1704–1763), noch heute bekannt als einer der Weiterentwickler des Naturselbstdruckverfahrens. Bellermann ging auf die Geschichte der Akademiebibliothek[28] näher ein.[29] Ihren beispielhaften Entwicklungsverlauf nahm er zum Anlass, Förderer für die durch ihn 1796 neu angelegte (später von der Königlichen Bibliothek übernommene) Bibliothek und das neu begonnene Museum des Ratsgymnasiums zu gewinnen. Für die Zeitdauer ihrer Erfurter Lokalisation bedeutete die Akademiebibliothek einen besonderen Anziehungspunkt für Bildungsreisende.

Weiterhin bestanden (2) die Ministerialbibliothek, (3) die Universitätsbibliothek (nachmals Königliche Bibliothek), (4) die Bibliothek des ehemaligen Jesuitenkollegs, (5) die Bibliothek im Schottenkloster, (6) die Bibliothek des Amplonianischen Kollegiums in der Himmelspforte, (7) die Bibliothek der Benediktiner-Abtei auf dem Petersberg, (8) die Bibliothek im Kartäuserkloster,

(9) die Bibliothek der Medizinischen Fakultät, (10) die ehemalige Bibliothek des Sachsenkollegiums, (11) die ehemalige Bibliothek des Collegium Marianum oder der Scholae juris (Dombibliothek)[30] sowie (12) die Bibliothek der Kurmainzischen Akademie nützlicher Wissenschaften und (13) einige Bibliotheken bei „andern Stiftern und Kirchen".[31] – Die in Erfurt verbliebenen Reste der hier genannten kleineren Sammlungen kamen später nach und nach in die Königliche Bibliothek.

Bibliotheken im 19. Jahrhundert

Das städtische Bibliothekswesen entfaltete sich besonders im 19. Jahrhundert, Zentren waren die (seit 1816) Königliche Bibliothek (1853: 40.000 Bände; 1873: circa 60.000 Bände; 1893: 48.657 Bände, 5033 Programme, 7107 Nummern Handschriften) und die Ministerial- und Synodalbibliothek (1847: 3000 Bände; 1873: circa 5000 Bände; 1893: 16.000 bis 18.000 Bände).[32] Die Dombibliothek nahm aufgrund ihrer Entstehungsgeschichte eine Sonderstellung ein.[33]

Als ein für Erfurt neuer Bibliothekstyp kamen die Vereinsbibliotheken hinzu, darunter die des 1828 gegründeten Gewerbevereins (1875: 800 Bände), des 1837/38 gebildeten Gartenbauvereins (1875: 700 Bände) und des 1863 entstandenen Vereins für die Geschichte und Altertumskunde in Erfurt.[34]

Schulbibliotheken bestanden am Königlichen Gymnasium (1893: 8900 Bände, circa 12.000 Programme), 1826 als Schülerlesebibliothek begründet (1832 Abzweigung einer Lehrerbibliothek), am Königlichen Realgymnasium (1844 begründet; 1893: über 2500 Bände, 10.000 Programme) und an der Städtischen höheren Töchterschule (1827 gegründet),[35] die 1873 über eine Lehrerbibliothek (circa 700 Bände) und eine Schülerinnenbibliothek (über 800 Bände) verfügte. Neue Behördenbibliotheken kamen seit 1815 hinzu, so die Bibliothek des Königlichen Landgerichts (1893: circa 2600 Bände) und die 1816 eingerichtete Bibliothek der Königlichen Regierung (1893: circa 8000 Bände). Seit 1885 existierte in der Hauptwache im Hirschgarten eine Militärbibliothek (circa 6000 Bände), die durch die Angehörigen der Garnisonen bzw. Landwehrbezirke Erfurt, Langensalza, Gera, Mühlhausen, Naumburg, Rudolstadt, Sondershausen, Sangerhausen, Greiz und Ichtershausen benutzt werden konnte. – Grundsätzlich ist zu beachten, dass die Erfurter Bibliotheken zusammen mit den Bibliotheken von Mühlhausen, Nordhausen, Schleusingen und Suhl von 1815/16 bis 1944 statistisch unter den Bibliotheken der Preußischen Provinz Sachsen zu finden sind.

Bibliothekswesen des Mittelalters

Bei der Beschäftigung mit der Erfurter Bibliotheksgeschichte interessiert vor allem das mittelalterliche Bibliothekswesen, das Paul Lehmann 1925 im Jahresbericht der Erfurter Bibliotheksgesellschaft kurz charakterisierte:[36] Während die anderen Büchersammlungen in alle Welt zerstreut wurden, sei die Amploniana im Wesentlichen erhalten geblieben. Die Bestände des Benediktinerklosters St. Peter und Paul steckten in nicht weniger als 30 verschiedenen europäischen Bibliotheken – ein bibliotheksgeschichtlicher Rekonstruktionsversuch der Handschriftenbestände wurde 1920 durch Joseph Theele unternommen.[37] Von der alten Dombibliothek und der alten Universitätsbibliothek, beide durch Schenkungen entstanden, waren ebenfalls nur Reste vorhanden. Schon 1858 hatte der Rudolstädter Bibliothekar Ludwig Friedrich Hesse darauf hingewiesen, dass die Mönche des 1372 gegründeten Kartäuserklosters ihren durch Sammelfleiß entstandenen „ziemlich bedeutenden Bücherschatz“ (850 Bände) durch Abschreiben und eigene Schriften vermehrt hätten.[38] Zu Lehmanns Zeit waren noch etwa 200 Bände in deutschen, englischen und amerikanischen Bibliotheken nachweisbar.[39]

Am 1. Mai 1931 griff der Buchbindermeister und Einbandforscher Adolf Rhein das Thema wieder auf. Er versuchte in seinem Vortrag vor der Erfurter Bibliotheksgesellschaft „Von Büchern und Bücherfreunden im alten Erfurt“ aus überlieferten Nachrichten und noch vorhandenen Büchern das „Bild der Vergangenheit“ zu rekonstruieren:[40] Als älteste Bibliothek nannte er die Dombibliothek, „die schon vor 1300 bestand“, als zweitälteste die Bibliothek des St. Severistiftes, deren Archiv verbrannte, dann die Bibliotheken des Petersklosters, Schottenklosters und Barfüßerklosters. „Von den Dominikanern der Predigerkirche fanden sich Restbestände einer Bibliothek im Pauls-Turm.“ Nach der Säkularisation gelangten die Reste der „Klosterbücher“ an die Königliche (Stadt-) Bibliothek, von dort musste ein großer Teil an die Königliche Bibliothek in Berlin abgegeben werden. Mittels der Einbandforschung konnte Rhein wichtige Details zum mittelalterlichen Buchwesen der Stadt Erfurt beitragen.

Übernahme der Königlichen Bibliothek (1908)

Innerhalb des städtischen Bibliothekswesens kristallisierte sich die Königliche Bibliothek als die bedeutendste Institution heraus. Eines der wichtigsten Ereignisse in der Erfurter Bibliotheksgeschichte war die Übernahme bzw. der Kauf dieser Bibliothek durch die Stadt Erfurt im Jahre 1908 vom preußischen Staat. Bestandteil des Vertrages war allerdings die „Umlagerung“ wertvoller Handschrif-

ten und Drucke (u.a. von 645 Inkunabeln [die übrigen 616 verblieben in Erfurt] und 5070 Drucken bis 1599) in die Berliner Königliche Bibliothek, der heutigen Staatsbibliothek zu Berlin – Stiftung Preußischer Kulturbesitz. Als „Äquivalent" erhielt die Erfurter Bibliothek Drucke des 19. Jahrhunderts. Die Stadt Erfurt ging die Verpflichtung ein, die nunmehrige Stadtbücherei „dauernd zu erhalten und einzelne namentlich wertvolle Teile der übernommenen Bestände nicht zu veräußern".[41] In der thüringischen Bibliotheksgeschichte steht dieser „Kauf-Tausch-Vorgang" bislang einzigartig dar. Die neugebildete Stadtbücherei wies in ihrer Struktur einige Besonderheiten auf, wie aus der Übersicht (S.106) hervorgeht, die bei der Beurteilung der allgemeinen Bibliothekssituation zu beachten sind.
Dieser Typ einer „kombinierten Bibliothek", in der Fachliteratur jener Jahre auch als Einheitsbücherei oder Bildungsbücherei diskutiert, stellte sich in der Realität als ein variantenreiches Gebilde dar. Preuskers Großenhainer Bürgerbibliothek von 1833 hatte bereits die Nützlichkeit von Kombinationen zwischen historischen und aktuellen Beständen sowie zwischen Bibliothek, Museum und Archiv bewiesen. Als ein Bibliothekstyp besonderer Art war seit Luther die Stadtbibliothek im Gespräch, die, wenn sie als wissenschaftliche Stadtbibliothek geführt wurde, wenig auf Bürgernähe achtete. In dem Erfurter Modell, dessen Feinstruktur über den städtischen Rahmen hinaus wenig bekannt war, wurde nach einem effektiven Weg gesucht, die divergierenden Aufgaben- und Interessengebiete von wissenschaftlicher Bibliothek und Volksbibliothek miteinander in Einklang zu bringen. Unter den Bibliothekaren Emil Stange (1864–1919; im Amt seit 1895) und Wolfram Suchier (1883–1964; im Amt 1919–1941) gelang das mit wechselndem Erfolg.

Nach 1920 wurden im benachbarten Thüringen die meisten residenzstädtischen Landesbibliotheken zu „Bildungsbüchereien" umgestaltet, die sich aber in wesentlichen Punkten von dem Erfurter Modell unterschieden.[42] In der DDR wurde seit 1950 eine allgemeine Strukturdebatte über die Gestaltung des städtischen Bibliothekswesens geführt, die sich 1952 gegen das Weiterbestehen wissenschaftlicher Stadtbibliotheken aufgrund ihres „diffusen Funktionsbildes" richtete. Sie würden die Zweiteilung des Bibliothekswesens manifestieren und, das war der entscheidende Einwand, eine Doppelbelastung für die städtischen Unterhaltsträger bedeuten. Im Ergebnis der Debatte wurden Stadtbibliotheken aufgelöst oder inkorporiert. Historisch gewachsene und territorial gebundene Literaturbestände wurden auseinandergerissen, sie gingen als Quelle kultur- und regionalgeschichtlicher Forschung unwiederbringlich verloren. „Lediglich die wissenschaftliche Stadtbibliothek in Erfurt vermochte ihren selbständigen Status zu erhalten."[43] Sie fusionierte erst 1969 mit der Stadt- und Bezirksbibliothek zur Wissenschaftlichen Allgemeinbibliothek des Bezirkes Erfurt.[44]

Städtische Bibliotheken in Erfurt 1908

Beide Bibliotheken unterschiedlichen Typs stehen unter einer Oberleitung

Bibliothekskommission
(zwei Magistratsmitglieder, je sechs Stadtverordnete und Bürger, Stadtbibliothekar)

Organisationsform

Stadt*bücherei*	Volks*bibliothek*
Literaturfonds trägt wissenschaftlichen Charakter	Literaturfonds trägt allgemeinbildenden Charakter
Vorgeschichte:	Vorgeschichte:
• Universitätsbibliothek, seit 1407 im Wachsen begriffen • 1510 Reduzierung/Stagnation • 1691/92 Wiederbelebung, Neubeginn • 1716 Stiftung der Boineburgischen Bibliothek, öffentliche Nutzung • 1816 Bestandteil des preußischen Bibliothekswesens, Umbenennung in Königliche Bibliothek • Ankäufe, Wachstum	• 1897 als Lesehalle und Volksbibliothek gegründet • laufend aktualisiert • Aussonderung veralteter Literatur und zerlesener Exemplare
• 1908 Umbenennung in *Stadtbücherei* • in der Folgezeit Konzentration der in der Stadt entstandenen Büchersammlungen • Bereitstellung von Forschungsgrundlagen • Veröffentlichung von Bestandsverzeichnissen z.B. Inkunabeln, Erfurtensien	• ggf. Abgabe von Schriften an den Sammelfonds der wissenschaftl. Literatur • in der Folgezeit Ausbau eines städtischen Bibliotheksnetzes mit - Stadtteil-Bibliotheken - Fahr-Bibliotheken

Die ältere Erfurter Bibliotheksgesellschaft

Um das Erfurter Bibliothekswesen hat sich besonders die ältere Erfurter Bibliotheksgesellschaft, die am 3. Januar 1925 gegründet worden war, verdient gemacht. „Entsprechend der ruhmreichen geistigen Vergangenheit unserer Stadt" wollte der Förderverein die wissenschaftliche Arbeit anregen, die Herausgabe von Veröffentlichungen unterstützen, Staat und Stadt animieren, zusätzliche Mittel bereitzustellen, Privatpersonen zu Schenkungen an Bibliotheken veranlassen und öffentliche und private Bibliotheken dem allgemeinen Gebrauch zugänglich machen.[45] Den ersten Vortrag hielt am 30. Januar 1925 Bibliotheksdirektor Wolfgang Suchier über „Das Wesen von Büchersammlungen und ihre Bezeichnung".[46] Eine Büchersammlung, so definierte er, sei eine Anzahl verschiedener Bücher, die in ihrer Vereinigung ein Ganzes bilden sollen. Eine Bibliothek hingegen sei eine zum Zwecke öffentlicher oder privater Benutzung aufgestellte Sammlung von Büchern. Suchier wollte zudem die Bezeichnung Bibliothek auf universale Büchersammlungen angewendet wissen, den zuerst von Comenius gebrauchten Begriff „Bücherei" ordnete er Beständen von sachlich beschränktem Umfang zu. Anzumerken ist, dass es in Erfurt genau umgekehrt war: Die wissenschaftlichen Sammlungen nannten sich Stadtbücherei, die allgemeinbildenden Bestände waren in der Volksbibliothek zusammengefasst.

Exkursionen führten die Gesellschaft nach Weimar, Jena, Schleusingen, Gotha, Coburg, Merseburg, Sondershausen, Leipzig, Rudolstadt, Arnstadt, Naumburg, Eisenach, Mühlhausen, Meiningen und Roßleben. „Die Ausflüge, die immer nach Orten mit wichtigen Bibliotheken, Archiven, Museen und dgl. gerichtet waren, kamen nicht nur uns zugute", heißt es in der Bilanz über das erste Jahrzehnt des Bestehens, „sondern auch diesen Stätten selbst, die z.T. erst so recht auf die Schätze, die sie besaßen, und ihren Wert aufmerksam wurden."[47] Für die Handbuchredaktion waren die sorgfältig erarbeiteten Bibliotheksberichte der reisefreudigen Gesellschaft eine wertvolle Quelle.

Die handbuchrelevanten Bibliotheken

Die Thüringenbände des Handbuchs wurden zwischen 1993 und 1998 erarbeitet. Bibliotheken, die historische Buchbestände besaßen, wurden für Erfurt zum ersten Mal unter einheitlichen Aspekten dargestellt. Zunächst wurden die Drucke (keine Handschriften) mit Erscheinungsjahren bis einschließlich 1900 statistisch erfasst und dabei nach Jahrhunderten (Inkunabeln, 16., 17., 18. und 19. Jahrhundert) und Sprachen (Deutsch, Englisch, Französisch, Latein und sonstige Sprachen) aufgeschlüsselt. Danach wurde der Bestand unter Hervorhebung markanter Titel summarisch nach Sachgruppen beschrieben. Der Eintrag enthält außerdem Informationshinweise zum Erschließungsgrad der jeweiligen Bibliothek (Anführung historischer und aktueller Kataloge), Literaturangaben über die Bibliothek und Veröffentlichungen zu ihren Beständen (z.B. Lutherdrucke, Zeitungen, Kinderbücher). Ein kurzer historischer Abriss vervollständigt das „Bibliotheksporträt".

Über nachfolgende Bibliotheken gibt das Handbuch Auskunft:

1. Als größte Bibliothek am Ort die Stadt- und Regionalbibliothek (Gesamtbestand 1998: 633.026 Bestandseinheiten, der historische Buchbestand beträgt hiervon 90.097 Titel, hinzu kommen 724 Inkunabeln).[48] Sie wurde in ihrer Abteilung Wissenschaftliche Sondersammlungen 1407 begründet und geht in ihrem allgemein-öffentlichen Bibliotheksbereich auf die 1897 entstandene Volksbibliothek zurück. Als heute gesondert aufgestellte Provenienzen sind zu nennen:

- Bibliothek des Collegium Amplonianum mit Provenienz Porta coeli (Himmelspforte)
- (historische) Universitätsbibliothek (1897 Bände; überwiegend Petri-Zugänge und Zugänge aus Boineburg-Mitteln)
- Porta coeli (72 Bände)
- Bibliothek von Johann Christian von Boineburg und Philipp Wilhelm von Boineburg (4560 Bände)
- Regierungs-Bibliothek (Teil der alten Ratsbibliothek; 336 Bände)
- Bibliothek des Jesuitenkollegiums und des Gymnasium Emmericianum (Teilbestand, 2485 Bände; der andere Teil befindet sich in der Staatsbibliothek zu Berlin)
- Bibliothek des Petersklosters (1990 Bände)
- Bibliothek des Kartäuserklosters (348 Bände)
- Bibliothek des Schottenklosters (504 Bände)
- Bibliothek der Augustinereremiten (als neuestes Ergebnis 2145 Bände; im Handbuch noch 2505 Bände)
- Bibliothek des evangelischen Ratsgymnasiums (ohne Angabe),
- Dalberg-Bibliothek (2333 Bände)

Eine Bestandsgruppe umfasst „Nicht Zuzuordnendes", Bibliotheksreste sind von der Bursa pauperum (45 Bände) und dem Severistift (37 Bände) überliefert. Die geschlossen aufgestellte Leihbibliothek Hugo Neumann umfasst rund 4700 Bände.[49] Als Sondersammlungen werden die Inkunabeln (724 Titel) und Erfurter Drucke (ohne Gesamtzahl) angeführt. – Die Erotik-Sammlung, Rara und Reprints stammen aus dem 20. Jahrhundert.

2. Die Akademische Bibliothek des Philosophisch-Theologischen Studiums entstand 1952 mit der Gründung des Priesterseminars (1998: 110.000 Bände, davon 4056 historischer Bestand).[50]

3. Die Bibliothek im Archiv der Evangelischen Predigergemeinde stammt aus der zweiten Hälfte des 16. Jahrhunderts.[51] Es handelt sich um einen kleinen, aber bemerkenswerten Bestand (200 Bände). In die Bibliotheksgeschichte ging die Kirchenbibliothek durch den Verkauf einer Gutenberg-Bibel (B 42) ein, der 1872 für 1750 Taler erfolgte[52] und weitere Verkäufe, unter anderem von Notendrucken, nach sich zog.
4. Die Dombibliothek im Bistumsarchiv (1998: 5000 Bestandseinheiten) lässt sich aufgrund ihres Handschriftenbestandes, der aus Schenkungen einzelner Kanoniker resultiert, bis in das Jahr 1246 zurückverfolgen.[53] Im Domarchiv hat sich eine Truhe erhalten, in der sehr wahrscheinlich die „gotische Bibliothek" aufbewahrt wurde. Für 1529 ist die „Liberey" belegt. Die heutige Dombibliothek entstand aber wohl erst nach der Aufhebung des Stiftes (1816). Sie übernahm Restbestände der säkularisierten Erfurter Klöster und im Jahr 1967 kleinere Bibliotheksbestände der ebenfalls im 19. Jahrhundert säkularisierten Klöster des Eichsfeldes sowie Bestände aus dem ehemaligen Jesuitenkolleg Heiligenstadt, aus Bibliotheken in Nordhausen, Beuren, Ilfeld und Witterda. – Der Handschriftenbestand beläuft sich auf über 200 Bände aus dem 13. bis 20. Jahrhundert.[54]
5. Die Bibliothek des Evangelischen Ministeriums[55] (1998: 60.000 Bände, historischer Bestand 12.495 Bände; Martinsstift: 1402 Bände) wurde 1646 gegründet und im ehemaligen Augustinerkloster aufgestellt. Sie nahm verschiedene Bibliotheken in sich auf, unter anderem die Agricola-Bibliothek, die 1820 gegründete Synodalbibliothek und die 1821 durch den Religionspädagogen Karl Reinthaler (1794–1863) begonnene Bibliothek des Martinsstiftes, die insbesondere Reformationsdrucke enthält. Die wertvollen hebräischen Handschriften (15 Bände) der Ministerialbibliothek, die 1701 Struves Aufmerksamkeit erregt hatten, wurden 1880 für 5000 Mark an die Königliche Bibliothek in Berlin verkauft.
6. Die Hochschulbibliothek der Fachhochschule Erfurt wurde 1991 gegründet (1998: 80.000 Bände).[56] Ihre handbuchrelevanten Bestände (unter anderem Gartenfachzeitschriften), im Handbuch noch in der Zweigbibliothek II für die Fachbereiche Landschaftsarchitektur und Gartenbau nachgewiesen (19.000 Bände, davon 1213 Bände vor 1900), sind seit dem 13. September 1999 über die Zentrale, Altonaer Straße 25, Haus 2, benutzbar.[57]
7. Die Bibliothek der Stiftung Deutsches Gartenbaumuseum in der Cyriaksburg (Gothaer Straße 50) wurde 1958/61 eingerichtet (1998: 6000 Bände, davon 345 vor 1900).[58] Im Rahmen der Sammeltätigkeit wird den Publikationen Christian Reicharts, dem die Stadt ihre Bedeutung als Gartenbauzentrum verdankt, besondere Aufmerksamkeit geschenkt.
8. Die Bibliothek im 1922 gegründeten Naturkundemuseum, das auf den Lehrer und Entomologen Otto Rapp zurückgeht, besitzt 5000 Bestandseinheiten (1998), darunter 688 Bände vor 1900.[59] Vorhanden sind Johann Hieronymus

Kniphofs „Botanica in Originali“ (Erfurt 1734) und der Nonne/Planersche „Index plantarum“ (Gotha 1788), der im Sommer 1798 den wissenschaftlichen Rahmen für den ersten botanischen Garten in Erfurt abgab. Das Werk lag zur Information in einer blechernen Kapsel, die die Form eines Buches hatte, aus.
9. Die Bibliothek des Stadt- und Verwaltungsarchivs (gegründet um 1854; 1998: 20.000 Bände, davon 2142 vor 1900) besitzt nur noch Reste der ehemaligen Ratsbibliothek, deren größerer Teil sich heute in der Stadt- und Regionalbibliothek befindet. Ihr Ausbau ist dem Stadtrat und Ortshistoriker Karl Herrmann zu verdanken, der 1874 seine Privatbibliothek dem Stadtarchiv hinterließ. Später kamen unter anderem die Bibliotheken des Historikers Friedrich Benary (1883–1914) und des Gymnasialdirektors Johannes Biereye (1860–1949) hinzu.[60]
10. Die seit 1982 im Museum Schloss Molsdorf eingerichtete kleine Bibliothek (1998: 741 Bände; 42 Bände vor 1900) ist in einem Bibliotheksraum untergebracht, der vermutlich einstmals die „auserwählte Bibliothek“ des Grafen Gotter (2188 Bände) beherbergte, bevor diese von Herzog Friedrich III. von Sachsen-Gotha und Altenburg erworben und nach seinem Tode in die Herzogliche Bibliothek nach Gotha gebracht wurde. Der Arbeits- und Aufstellungsraum ist mit einem im Jugendstil gehaltenen Lese- und Meditationsraum, dem sogenannten Tränenkabinett, verbunden.[61]

Das städtische Bibliotheksgefüge

Der 1998 vom Landesverband Thüringen des Deutschen Bibliotheksverbandes erarbeitete und publizierte „Thüringer Bibliothekenführer“[62] führt unter Erfurt noch weitere Bibliotheken auf, die aber für das Handbuch nicht in Frage kamen. Unter den Museumsbibliotheken z.B. die Fachbibliotheken des Angermuseums (15.000 Bestandseinheiten), des Museums für Thüringer Volkskunde (5000 Bestandseinheiten) und des Stadtmuseums (4500 Bestandseinheiten) sowie unter den seit Anfang der neunziger Jahre neu gegründeten Behördenbibliotheken die des Landgerichts Erfurt (9500 Bestandseinheiten), des Medizinal-, Lebensmittel- und Veterinäruntersuchungsamtes Thüringen (ohne Bestandsangabe), des Thüringer Finanzministeriums (20.000 Bestandseinheiten), des Thüringer Landtags (12.000 Bestandseinheiten), des Thüringer Ministeriums für Justiz und Europaangelegenheiten (ohne Bestandsangabe), des Thüringer Ministeriums für Wissenschaft, Forschung und Kunst (10.771 Bestandseinheiten) und die Bibliothek der Thüringer Staatskanzlei (6500 Bestandseinheiten).

Verzeichnet sind außerdem die Ergänzungsbücherei der Landesfachstelle für Öffentliche Bibliotheken in Thüringen (11.317 Bestandseinheiten), die Umweltbibliothek im Energieberatungszentrum Stadtwerke Erfurt GmbH (1800 Bestandseinheiten) und die Bibliothek TEAG, Thüringer Energie AG Erfurt.[63] Die 1993 neugegründete Universitätsbibliothek Erfurt war während des Erarbeitungszeitraumes erst im Aufbau begriffen und noch nicht öffentlich zugänglich, deshalb ist sie im Handbuch nicht präsent. 1998 verfügte sie über einen Bestand von 256.658 Medieneinheiten und 108.781 Mikrofiches.[64] Seit 1999 besteht sie erweitert als Universitäts- und Forschungsbibliothek Erfurt/Gotha. – Die Hochschulbibliothek der Pädagogischen Hochschule Erfurt/Mühlhausen, 1954 gegründet, zählt 207.694 Bestandseinheiten (1998).[65]

Bilanz für Erfurt

Insgesamt verfügten 1998 die genannten Bibliotheken einschließlich der neuen Universitätsbibliothek über einen Literaturfonds von rund 1,5 Millionen Bestandseinheiten. Das Handbuch erfasst für Erfurt einen historischen Buchbestand von 117.000 Bestandseinheiten.[66] Aus der Handbuchperspektive ist demnach nur jeder zwölfte Band in Erfurter Bibliotheken älter als 100 Jahre.

Für ganz Thüringen weist das Handbuch über 160 Bibliotheken mit einem Literaturfonds von 9,1 Millionen Bänden nach, von dem 1,8 Millionen, also jeder fünfte Band, zum historischen Buchbestand zu zählen sind.

Besonderheiten des Erfurter Bibliothekswesens

Das Handbuchergebnis lässt die zentrale Bedeutung der Stadt- und Regionalbibliothek im Rahmen der Entwicklung des Erfurter Bibliothekswesens erkennen. Die in ihrer Abteilung Wissenschaftliche Sondersammlungen aufbewahrten Bestände formten sich in einem Jahrhunderte währenden Konzentrationsprozess, der von den Bibliothekaren und der Kommune mit Konsequenz verfolgt wurde, indem sie sowohl die Reste der alten Klosterbibliotheken, als auch Gesellschafts-, Vereins-, Behörden- und Schul-Bibliotheken aufnahm. Die Zusammenführung größerer und kleinerer Büchersammlungen[67] steigerte die Attraktivität und das Leistungsvermögen der Bibliothek.

Eine weitere Erfurter Besonderheit ist das Nebeneinanderbestehen mehrerer Bibliotheken unterschiedlichen Typs (Universitätsbibliothek/Ministerialbibliothek/Dombibliothek), die sich gewissermaßen in einer Wettbewerbssituation befanden. Seit der Mitte des 19. Jahrhunderts war jede darum bestrebt, den Literaturfonds durch Übernahmen fremder Bibliotheken anzureichern. Die Anpassung dieser drei Bibliotheken an die Erfordernisse der Zeit hatte zur Folge, dass sie ihren Typ mehrfach wandelten, z.B. von der Universitäts- zur Regierungsbezirksbibliothek oder von der Stadt- zur Hochschulbibliothek. Auch die Erwerbungsintensität war in den einzelnen Zeitabschnitten sehr unterschiedlich. Jede der genannten Bibliotheken weist Phasen der Stagnation und Zeiten ungewöhnlicher Betriebsamkeit auf, die beide der Benutzung wenig zuträglich waren.

Seit dem 17. Jahrhundert entstanden in Erfurt im „freien Spiel der Kräfte" neben der Stadtbibliothek unter anderem Schul-, Vereins- und Behördenbibliotheken. Die Entfaltung eines städtischen Bibliotheksgefüges wird bestimmt durch den Charakter der Stadt, die Bevölkerungsstruktur, den allgemeinen Bildungsstand, das Verhältnis der Kommune zu den Bibliotheken und das Traditionsverständnis der Unterhaltsträger und der zuständigen Bibliothekare. Neben Archiven und Museen sind Bibliotheken die wichtigste Stätte der Kulturüberlieferung. Unsere Vorfahren verstanden sie als „Vorratskammern, in welchen die Ausbeute aller Geistesarbeiten zur Nahrung der Nachkommenschaft gesammelt werden kann",[68] als „Schatzkammern", aber auch als „Rüstkammern", deshalb wurde der Besuch berühmter Büchersammlungen zum Pflichtpensum der im 17. und 18. Jahrhundert üblichen Bildungsreisen erklärt.

Wechselten Sammlungen den Besitzer und landeten sie schließlich in „öffentlichem" Besitz, wurde ihre Erhaltung und Aufbewahrung zu einem allgemeinen Anliegen. Ein nur in Ausnahmefällen vorgegebener „Generationenvertrag" bewirkte, dass z.B. Drucke aus der Inkunabelzeit heute noch in den Bibliotheken anzutreffen sind. Die Geschichte des Erfurter Bibliothekswesens unterstreicht im Positiven wie im Negativen, dass von den verschiedensten Seiten aus auf Bibliotheken und Büchersammlungen Einfluss genommen wurde. Politische Konstellationen, wie z.B. die schwedische oder auch die französische Besatzungszeit, wirkten sich im Endeffekt auf das Bibliotheksgefüge aus.

Wechsel in den Besitzverhältnissen, veränderte Zuständigkeiten und gewandelte Bewertungsmaßstäbe brachten Büchersammlungen häufig in Gefahr, zerstreut zu werden. Der unvermittelte Kultur- und Traditionsbruch im Gefolge der Reformation schadete den Erfurter Klosterbibliotheken, deren Säkularisation im 19. Jahrhundert abgeschlossen wurde. Für das Erfurter Bibliothekswesen ist der Kontrast zwischen der mittelalterlichen Blüte in der Buchkultur und deren bruchstückhafter Überlieferung am Ort besonders augenfällig. Durch glückliche Umstände konnte die Amploniana für Erfurt erhalten werden.

Der Verlust umfangreicher, mittels „höherer Gewalt" abgeforderter Bestände ist bis heute spürbar. Hinzu kam, dass manches wertvolle Stück in Unkenntnis des tatsächlichen Wertes oder aus Gewinnsucht verkauft wurde. Die Erfurter Bibliotheksgeschichte kennt aber auch Beispiele für das verantwortungsbewusste Handeln von Bibliothekaren, die herrenlos gewordenes Bibliotheksgut zu retten und zu überliefern verstanden.

Besonders Handschriften und alte, seltene Drucke machten den Ruf der älteren Sammlungen aus. In Erfurt wurde das Publikum erst seit Mitte des 19. Jahrhunderts über die Bestände von Bibliotheken näher informiert, entsprechend äußerte sich auch das öffentliche Interesse. Es war schon ein viel beachtetes Ereignis, als aus Anlass des 20. Deutschen Bibliothekartages Pfingsten 1924 Schränke und Archive geöffnet und „Erfurts versteckte Buchschönheiten ans Licht“ gestellt wurden.[69]

Zu den Sammelschwerpunkten gehörten vorrangig Erfurtensien. Darunter sind Schriften über die Stadt Erfurt und ihre Persönlichkeiten, aber auch in der Stadt hergestellte Drucke und von Erfurtern verfasste Schriften zu verstehen. Größere Sammlungen dieses Schrifttums befinden sich in der Stadt- und Regionalbibliothek, im Stadtarchiv, in der Ministerialbibliothek und in der Dienstbibliothek des Bistumsarchivs. Sie ergänzen sich gegenseitig. Durch die Möglichkeiten der heutigen digitalisierten Bestandserfassung könnten sie, ganz wie es sich Bellermann vor 200 Jahren wünschte, im Rahmen der gedachten (virtuellen oder fiktiven) Bibliothek von den unterschiedlichsten Arbeitsplätzen aus genutzt werden, ohne dass sie „an einem Ort beisammen ständen“.

Über die Mainzer Stadtbibliothek

Von Erfurt aus noch ein Blick nach Mainz, wo die Bibliotheksentwicklung gewisse Parallelen aufweist, die aber nicht in der gemeinsamen Administration begründet lagen.[70] Dort war seit 1911 die Allgemeine wissenschaftliche Bibliothek mit einer volkstümlichen Abteilung unter einheitlicher Leitung verbunden. Die alte, 1477 gegründete Mainzer Universitätsbibliothek ist auch „vollständig verschwunden“ – das Schiff, auf dem die Schweden sie im Dreißigjährigen Krieg abtransportierten, soll in der Ostsee untergegangen sein. Der Neubeginn setzte um 1650 ein, Klosterbibliotheken und die Jesuitenbibliothek wurden übernommen. 1792/93 und 1798/1814 kam es in den Zeiten der französischen Besetzung unter anderem zum Verlust einer 42-zeiligen Gutenberg-Bibel und zur Abgabe von Inkunabeln an die Pariser Nationalbibliothek. 1803/05, nach Aufhebung der Universität, wurde die Bibliothek Eigentum der Stadt. Die Stadtbibliothek (550.000 Bände) und die Öffentliche Bücherei – Anna Seghers – (250.000 Medieneinheiten) bilden heute das Bibliothekssystem der Stadt Mainz.[71]

Bibliotheken im erfurtischen Gebiet

Im erfurtischen Gebiet hat nur noch Sömmerda eine eigene Bibliothekstradition vorzuweisen. Die Ratsbibliothek im Stadtarchiv[72] (gegründet um 1566/67; Dienstbibliothek 1994: 2094 Bände, 613 Bände vor 1900) wurde ab 1681 unter dem Bürgermeister Johann Michael Franke, der in Erfurt studiert hatte, gefördert. Als Besonderheit kann die Apelsche Kirchenbibliothek[73] (5000 Bände, davon 3759 vor 1900) angesehen werden: Auf Anraten des Pfarrers Johann Rudolph Gottlieb Beyer, der sich möglicherweise die Boineburgica zum Vorbild nahm, setzte der Jurist und ehemalige Bürgermeister Rudolf Gottfried Theodor Apel Kirche und Stadt Sömmerda unter gewissen Auflagen zu Universalerben seines beträchtlichen Vermögens ein. Zum Nachlass gehörte auch eine Bibliothek von etwa 4000 Bänden, die er auf Auktionen zusammengetragen hatte und deren Fortbestand er durch detaillierte Bestimmungen sicherte. Die Betreuung hatte durch den Kirchner zu erfolgen, Bücher konnten gegen Leihschein entliehen werden. Von den Zinsen eines Kapitalfonds sollten laufend dogmatische, moralische, exegetische, polemische, asketische und in die orientalische Sprachkunde gehörige Schriften angeschafft werden. Die Regelung trat schon 1792, in Apels Todesjahr, in Kraft. Für die Bibliothek wurde extra ein kleines Gewölbe an die Bonifatiuskirche angebaut. Nach dessen „Untauglichwerden" gelangte die Bibliothek ins Pfarrhaus, wo sie heute noch aufgestellt ist. Das Legat wurde bis in die zwanziger Jahre des vergangenen Jahrhunderts genutzt. Über den ungewöhnlich langen Zeitraum von 130 Jahren garantierte es die Existenz der Bibliothek. Mit seinem Erlöschen begann für die Sammlung ein schwieriger Zeitabschnitt.

Über das Erfurter Territorium hinaus verdienen im thüringischen Preußen als Bibliotheksorte Bad Langensalza (Stadtarchiv), Mühlhausen (mit einem ähnlich komplizierten Bibliotheksgefüge wie Erfurt; Überlieferungszentrum das Stadtarchiv), Nordhausen (die Kirchenbibliothek von St. Blasii mit der Bibliothek des Klosters Himmelgarten; Depositum im Wittenberger Lutherhaus) und das Schularchiv (mit Resten der Gymnasialbibliothek) der Stiftung Kosterschule Roßleben Erwähnung.

Schlussbemerkung

Die Situation Erfurts und des dazugehörigen Gebiets als Mainzer Exklave inmitten thüringischer Fürstentümer ist die Ursache für die jahrhundertelange Eigenentwicklung der in der Stadt angesiedelten Bibliotheken. Die Zugehörigkeit Erfurts zu Preußen veränderte im 19. Jahrhundert auch den kulturellen Blickwin-

Abb. 28 Signet der Erfurter Bibliotheksgesellschaft.

kel, er richtete sich jetzt weniger nach Westen, als nach Nordosten (z.B. Halle). Der Exkurs zur Erfurter Bibliotheksgeschichte lässt erkennen, dass Bibliotheken mitunter sehr beredte Zeugen der Vergangenheit sind, dass sie in das politische Geschehen unmittelbar hineingezogen werden und nicht allein, wie der Bibliotheksreisende Hirsching 1786 formulierte, „Mausoleen“ sind, „in denen der unsterbliche Nachlass der edelsten Seelen beysammen ruht“.[74] Vielmehr sind sie mit ihren Beständen Ergebnisse kulturpolitischer Entscheidungen, deren Folgen sie manifestieren und die sie mit tragen müssen.

Von Erfurts ruhmreicher mittelalterlicher Bibliotheksvergangenheit zeugen in der Stadt und weltweit nur Restbestände. Die Ursachen hierfür sind offenkundig. Der historische Rückblick deutet an, dass Büchersammlungen weniger gefährdet sind, wenn sie, der Öffentlichkeit bekannt, an ihrem ursprünglichen Standort von Generation zu Generation überliefert werden können, denn nur dann spricht aus ihnen der unverwechselbare „Genius der Zeit, des Ortes und der Person“. In der Erfurter Bibliotheksgeschichte stehen das Versinken des Alten und Aufblühen des Neuen dicht nebeneinander, sie vermittelt ein eindrucksvolles Bild von der Vielfalt und Vielschichtigkeit bibliophiler und kultureller Ambitionen.

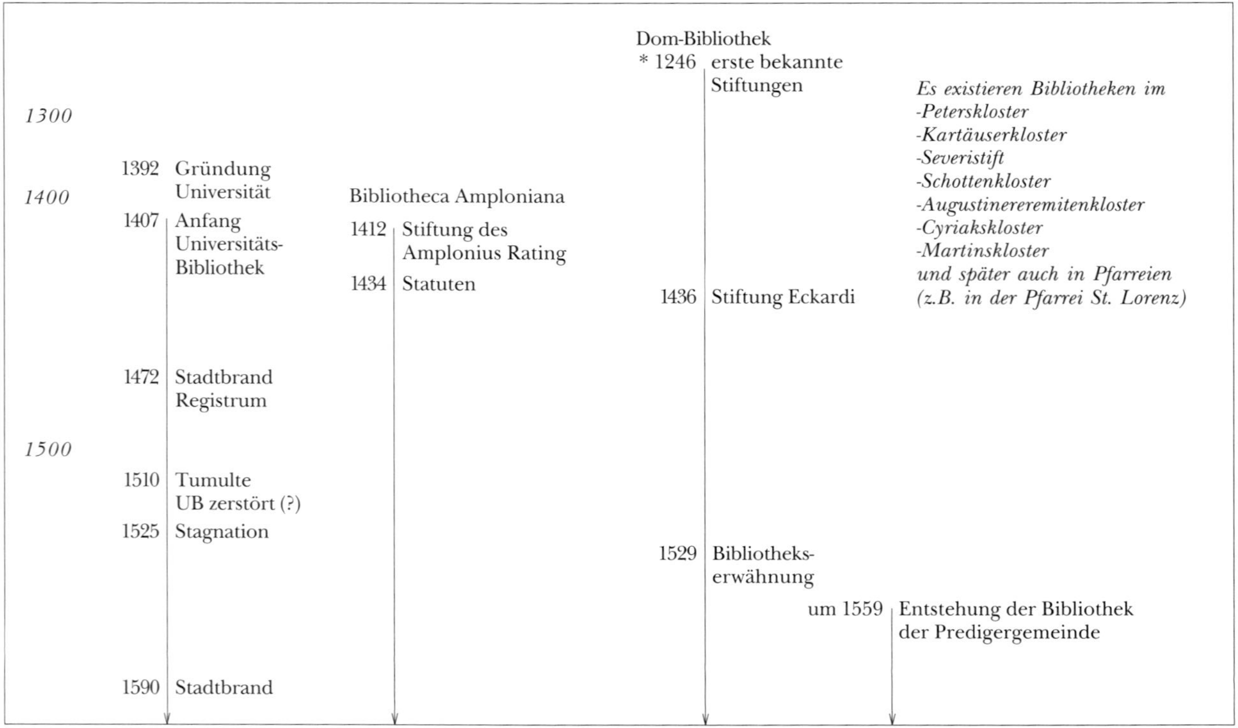

Übersicht 1/1 Traditionslinien Erfurter Bibliotheken bis 1600.

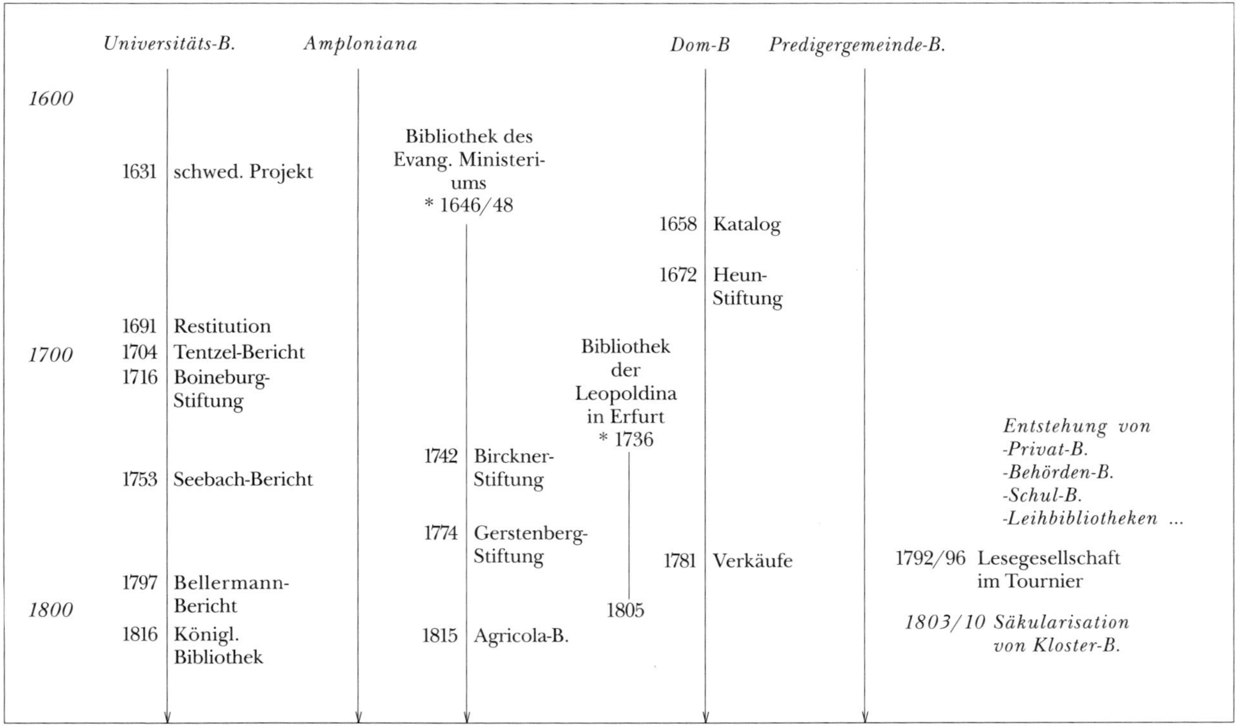

Übersicht 1/2 Traditionslinien Erfurter Bibliotheken 1600–1816.

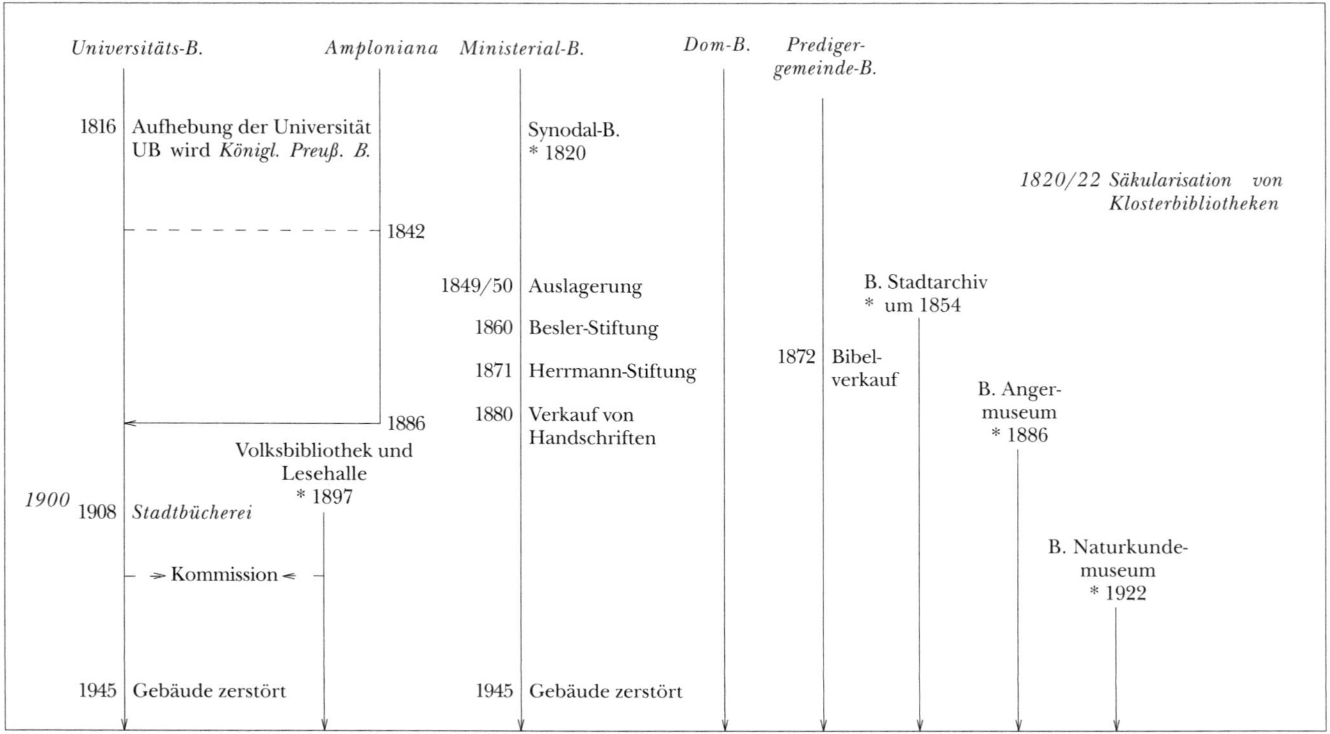

Übersicht 1/3 Traditionslinien Erfurter Bibliotheken 1816–1945.

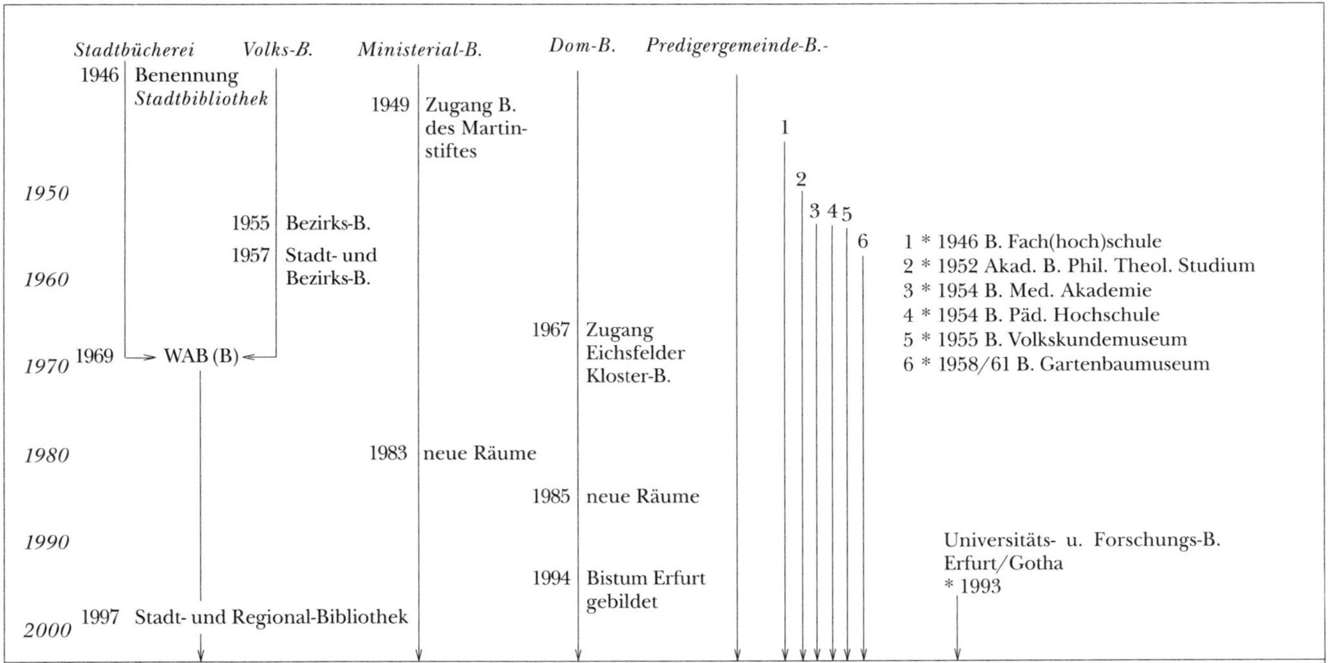

Außerdem zwischen 1950 und 1960 Entstehung von Betriebs- und Gewerkschafts-Bibliotheken (1991/93 aufgelöst); in den neunziger Jahren Herausbildung von Behördenbibliotheken

Übersicht 1/4 Traditionslinien Erfurter Bibliotheken 1945–2000.

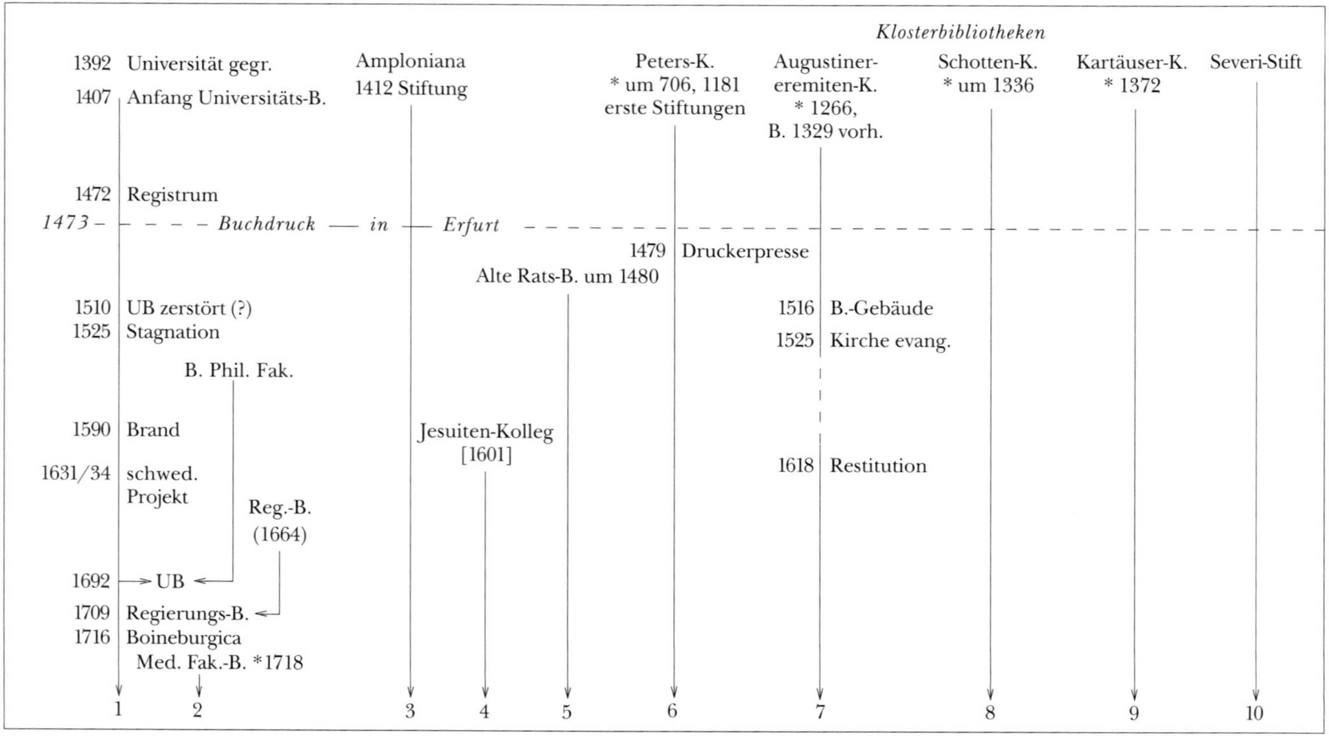

Übersicht 2/1 Wanderbewegungen Erfurter Bibliotheksbestände bis Mitte des 18. Jahrhunderts.

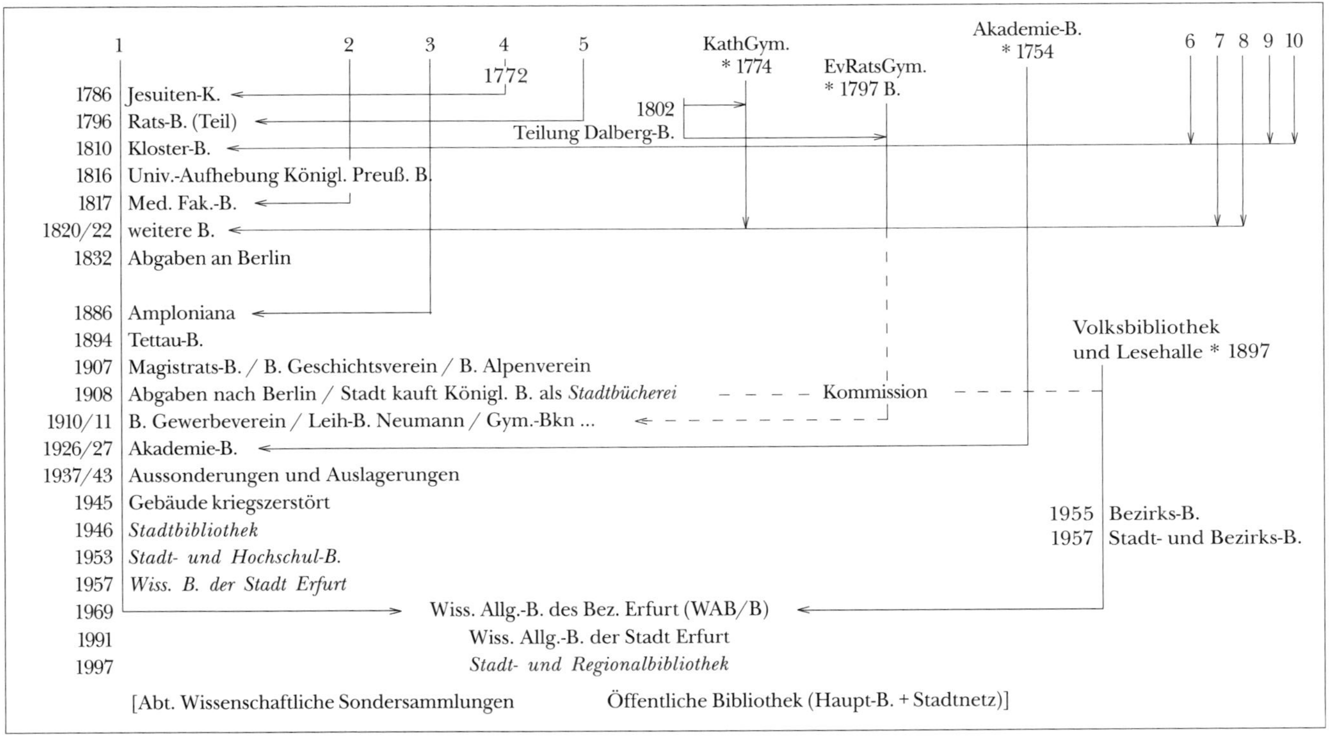

Übersicht 2/2 Wanderbewegungen Erfurter Bibliotheksbestände ab Mitte des 18. Jahrhunderts.

Anmerkungen

1 Überarbeitete Fassung eines Vortrags, der am 26. November 1999 vor der Neuen Erfurter Bibliotheksgesellschaft im Haus Dacheröden in Erfurt gehalten wurde. (Stand: Okt. 1999)

2 Felicitas Marwinski (Bearb.), Handbuch der historischen Buchbestände in Deutschland, Bd. 19–21, hg. von Friedhilde Krause, Hildesheim [u.a.] 1998–1999. Das seit Anfang der neunziger Jahre im Entstehen begriffene Unternehmen umfasst insgesamt 27 Bände. Der Abschlussband behandelt Sachsen-Anhalt.

3 Kathrin Paasch, Die Bibliothek der Augustiner-Eremiten in Erfurt. In: Zeitschrift des Vereins für Thüringische Geschichte 52 (1998), S. 93–134.

4 Michael Ludscheidt (Hg.), Die Bibliothek des Evangelischen Ministeriums zu Erfurt. Geschichte, Bestände, Forschungsbereiche. Beiträge des Wissenschaftlichen Kolloquiums „Die Bibliothek des Evangelischen Ministeriums als Quelle historisch orientierter Forschungen" am 12. und 13. September 1997 im Erfurter Augustinerkloster, Bucha bei Jena 1998 (Palmbaum Texte, Kulturgeschichte; 2).

5 Kathrin Paasch, Handschriften und Alte Drucke der Stadt- und Regionalbibliothek Erfurt, Erfurt 1997 (Erfurter Bibliotheken; Heft 1).

6 Michael Ludscheidt, Handschriften und Alte Drucke der Bibliothek des Evangelischen Ministeriums Erfurt, Erfurt 1999 (Erfurter Bibliotheken; Heft 2).

7 Michael Matscha/Frank-Joachim Stewing, Handschriften und Alte Drucke der Dombibliothek im Bistumsarchiv Erfurt, Erfurt [2000] (Erfurter Bibliotheken; Heft 3).

8 Die Stadt- und Regionalbibliothek Erfurt. Chronik zum hundertjährigen Bestehen der Erfurter Volksbibliothek, hg. von der Landeshauptstadt Erfurt, Erfurt 1997. Enthält S. 20–28: Kathrin Paasch, Die historischen Handschriften- und Buchbestände der Stadt- und Regionalbibliothek Erfurt.

9 Gemeint ist die Universität.

10 Curieuse Bibliothec Oder Fortsetzung Der Monathlichen Unterredungen, 1. Repositorium, 5. Fach (1704) S. 457.

11 Ebenda, S. 459.

12 Zacharias Conrad von Uffenbach, Merkwürdige Reisen durch Niedersachsen, Holland und Engelland, Theil 1, Frankfurt [u.a.] 1753, S. CVII.

13 Heinrich Ernst Seebach, Thüringia literata. Manuskript, um 1737 entstanden, datiert 1753. (Thüringisches Hauptstaatsarchiv Weimar, F 116)

14 Ebenda, S. 1–349; hier: S. 3.

15 Ebenda, S. 17.

16 Ebenda, S. 21.

17 Ebenda, S. 349–380.

18 Ebenda, S. 381–412.

19 Ebenda, S. 413–428.

20 Johann Andreas Fabricius, Abriß einer allgemeinen Historie der Gelehrsamkeit, Bd. 1, Leipzig 1752, S. 823.

21 Johann Joachim Bellermann, Ueber die Entstehung der vorzüglichsten Bibliotheken, Naturalien- und Kunstsammlungen in Erfurt, als Aufmunterungsgrund bei ähnlichen neuen Anlagen, [Teil] I, Erfurt 1797, S. 4.

22 Ebenda, S. 5.

23 Burcard Gotthelf Struve, Introductio in notitiam rei litterariae et usum bibliothecarum. Cura Io. Christiani Fischeri. Francofurti [u.a.] 1754, S. 385.

24 Stadt- und Verwaltungsarchiv Erfurt, Abt. 1–1/Ie 38 (Nachrichten von erfurtischen Bibliotheken und Archiven, gesammelt von Dr. Erhard), darin enthalten: Johann Friedrich Graf von Beust, Über die Anordnung großer Bibliotheken, nebst einer kurzen Nachricht von denen öffentlichen Bibliotheken in Sachsen.

25 Vgl. Bellermann, Ueber die Entstehung (wie Anm. 21).

26 Bellermann bedauerte, dass der „gelehrte Hr. Prof. Agricola" (Peter Franz Agricola, 1749–1807) sich bis dahin nicht hatte entschließen können, einen Vortrag drucken zu lassen, den er über diesen Gegenstand [1791] vor der Kurmainzischen Akademie nützlicher Wissenschaften unter dem Beifall der Mitglieder gehalten hatte. (Ebenda, S. 4f.)

27 Ebenda, S. 7.

28 Die Bibliothek war immer am Wohnsitz des Präsidenten aufgestellt; seit 1878 befindet sie sich in Halle, seit 1904 verfügt sie über ein eigenes Gebäude.

29 Bellermann, Ueber die Entstehung (wie Anm. 21), S. 5–9.

30 Vgl. auch Carl Heun, Allgemeine Uebersicht sämmtlicher Universitäten Deutschlands oder der vertrauten Briefe zweyter Theil, Leipzig 1792, S. 42: „die beym Stifte B.M.V."

31 Dieselbe Übersicht findet sich bei [Ignaz Theodor Ferdinand Kajetan] Arnold, Erfurt mit seinen Merkwürdigkeiten und Alterthümern in historischer, statistischer, merkantilischer etc. Hinsicht. Gotha 1802, S. 129–130; Textübernahme von Bellermann, Ueber die Entstehung (wie Anm. 21).

32 Grundlage für die Bestandsangaben: Julius Petzholdt (Hg.), Handbuch Deutscher Bibliotheken, Halle 1853; Julius Petzholdt (Hg.), Adressbuch der Bibliotheken Deutschlands mit Einschluss von Oesterreich-Ungarn und der Schweiz, Dresden 1875; Paul Schwenke (Bearb.), Adressbuch der Deutschen Bibliotheken, Leipzig 1893.

33 Vgl. Adressbuch der Deutschen Bibliotheken (wie Anm. 32), S. 114f. (Nr. 472).

34 Vgl. auch: Katalog der Erfurtensien, Erfurt 1930, S. 71–73 (IX. Ei = Bildungswesen, 2. Bibliotheken) und Jahresbericht der Erfurter Bibliotheks-Gesellschaft 9/10 (1933/34).

35 Adressbuch der Bibliotheken (wie Anm. 32), S. 127.

36 Paul Lehmann, Erfurter Bibliotheken im Mittelalter. In: Jahresbericht, Erfurter Bibliotheks-Gesellschaft 1 (1925), S. 20–21.

37 Joseph Theele, Die Handschriften des Benediktinerklosters St. Petri zu Erfurt, Erfurt 1920 (Zentralblatt für Bibliothekswesen; Beih. 48).

38 Ludwig Friedrich Hesse, Kartäusermönche zu Erfurt als Schriftsteller und Bücherabschreiber. In: Serapeum 19 (1858), S. 1–7.

39 Über die Streuung der Klosterbibliotheksbestände vgl. auch: Erfurt, Bibliotheken. In: Karl Löffler/Joachim Kirchner (Hg.), Lexikon des gesamten Buchwesens, Bd. 1, Leipzig 1935, S. 496f.

40 Adolf Rhein, Von Büchern und Bücherfreunden im alten Erfurt. In: Jahresbericht, Erfurter Bibliotheks-Gesellschaft 6/8 (1930/32), S. 35–37.

41 Paasch, Handschriften- und Buchbestände (wie Anm. 8), S. 28.

42 Vgl. Felicitas Marwinski, Bibliotheken zwischen Monarchie und Republik. In: Zeitschrift des Vereins für Thüringische Geschichte 49 (1995), S. 87–107.

43 Erwin Marks, Die Entwicklung des Bibliothekswesens der DDR, Leipzig 1987, S. 57.

44 Vgl. hierzu neuerdings: Felicitas Marwinski, Die Wissenschaftliche Allgemeinbibliothek des Bezirkes (WAB/B) – Konzeption und Realisierung eines Bibliothekstyps in der DDR. In: Jörg Fligge/Peter Borchardt (Hg.), Die wissenschaftliche Stadtbibliothek und die Entwicklung kommunaler Bibliotheksstrukturen in Europa seit 1945. (Wolfenbütteler Schriften zur Geschichte des Buchwesens; 34) Wiesbaden 2001, S. 155–191 (bes. S. 181).

45 Satzungen der Erfurter Bibliotheks-Gesellschaft. In: Jahresbericht, Erfurter Bibliotheks- Gesellschaft 1 (1925), S. 30, § 1.

46 Wolfram Suchier, Das Wesen der Büchersammlungen und ihre Bezeichnung. In: Jahresbericht, Erfurter Bibliotheks-Gesellschaft 1 (1925), S. 6–8.

47 Der Abschluss des ersten Jahrzehnts ... In: Jahresbericht, Erfurter Bibliotheks-Gesellschaft 9/10 (1933/34), 3. Umschlagseite.

48 Siegfried Müller/Felicitas Marwinski, Stadt- und Regionalbibliothek Erfurt. In: Felicitas Marwinski (Bearb.), Handbuch der historischen Buchbestände in Deutschland, Bd. 19: Thüringen A–G, hg. von Friedhilde Krause, Hildesheim [u.a.] 1998, S. 176–198 (Erfurt 1).

49 Vgl. hierzu: Felicitas Marwinski, Auf den Spuren der Neumannschen Leihbibliothek. In: Michael Ludscheidt/Kathrin Paasch (Hg.), Bücher und Bibliotheken in Erfurt, Erfurt 2000, S. 157–182.

50 Walter Kaliner, Akademische Bibliothek, Philosophisch-Theologisches Studium. In: Marwinski, Handbuch (wie Anm. 48), S. 198–199 (Erfurt 2).
51 Felicitas Marwinski, Bibliothek im Archiv der Evangelischen Predigergemeinde. In: Marwinski, Handbuch (wie Anm. 48), S. 199–201 (Erfurt 3).
52 Die Veranstaltung der Neuen Erfurter Bibliotheksgesellschaft vom 24. März 2000 hatte den Verkauf der Gutenbergbibel zum Thema.
53 Felicitas Marwinski, Dombibliothek im Bistumsarchiv Erfurt. In: Marwinski, Handbuch (wie Anm. 48), S. 201–206 (Erfurt 4).
54 Vgl. Matscha, Handschriften (wie Anm. 7), S. 6.
55 Wilhelm Velten [u.a.], Bibliothek des Evangelischen Ministeriums zu Erfurt mit Bibliothek des Martinsstiftes. In: Marwinski, Handbuch (wie Anm. 48), S. 206–213 (Erfurt 5).
56 Felicitas Marwinski, Hochschulbibliothek der Fachhochschule, Zweigbibliothek II. In: Marwinski, Handbuch (wie Anm. 48), S. 214–216 (Erfurt 6).
57 Freundliche Auskunft vom 26. November 1999.
58 Karin Koeppler [u.a.], Gartenbaubibliothek in der Cyriaksburg. In: Marwinski, Handbuch (wie Anm. 48), S. 216–217 (Erfurt 7).
59 Petra Beer/Felicitas Marwinski, Bibliothek des Naturkundemuseums. In: Marwinski, Handbuch (wie Anm. 47), S. 217–218 (Erfurt 8).
60 Brigitte Weber/Rudolf Benl, Bibliothek des Stadt- und Verwaltungsarchivs. In: Marwinski, Handbuch (wie Anm. 48), S. 218–220 (Erfurt 9).
61 Felicitas Marwinski, Bibliothek im Museum Schloß Molsdorf. In: Marwinski, Handbuch (wie Anm. 48), S. 220–222.
62 Thüringer Bibliothekenführer, hg. vom Vorstand des Landesverbandes Thüringen im Deutschen Bibliotheksverband e.V., Erfurt 1998.
63 Ein Vergleich mit dem Thüringer Bibliothekenführer von 1963 weist auf Verschiebungen im Bibliotheksgefüge hin, von denen besonders Betriebs- und Gewerkschaftsbibliotheken betroffen waren.
64 Thüringer Bibliothekenführer (wie Anm. 62), S. 19 (Nr. 71).
65 Ebenda, S. 16 (Nr. 56).
66 Diese Zahl enthält nicht die inzwischen nacherworbenen historischen Bestandseinheiten der neugegründeten Universitätsbibliothek Erfurt.
67 Vgl. hierzu auch: Ernst Gustav Vogel, Literatur früherer und noch bestehender europäischer öffentlicher und Corporations-Bibliotheken, Leipzig 1840, S. 83–85.
68 Friedrich Karl Gottlob Hirsching, Versuch einer Beschreibung sehenswürdiger Bibliotheken Teutschlands, Bd. 1, Erlangen 1786, Vorrede S. [8]. – Erfurter Bibliotheken fehlen bei Hirsching.
69 Adolf Rhein, 1000 Jahre Schrift und Buch. Führer durch die Ausstellung im Erfurter Kunstverein Juni bis August 1924, Erfurt 1924.
70 Vgl. Hans Praesent (Bearb.), Die Bibliotheken, Bd. 1, Deutsches Reich, (Minerva-Handbücher; Abt. 1) Berlin [u.a.] 1929, S. 517f.
71 Vgl. Benutzungsordnung. Bibliotheken der Stadt Mainz. Mainz, den 30.12.1994. – Der größte Teil der Wiegen- und Frühdrucke befindet sich als Dauerleihgabe im Gutenberg-Museum. Vgl. auch: Schrift, Druck, Buch im Gutenberg-Museum. [Buchkultur in Mainz.] Aus den Beständen des Gutenberg-Museums und der Stadtbibliothek, Mainz 1985. – Geesche Wellmer-Brennecke, Die Bibliotheken der Stadt Mainz. In: Jörg Fligge/Peter Borchardt (Hg.), Die wissenschaftliche Stadtbibliothek (wie Anm. 44), S. 193–219.
72 Frank Boblenz, Ratsbibliothek im Stadtarchiv. In: Marwinski, Handbuch (wie Anm. 48), Bd. 21, hg. von Friedhilde Krause, Hildesheim [u.a.] 1999, S. 59–60 (Sömmerda 2).
73 Felicitas Marwinski, Apelsche Kirchenbibliothek. In: Marwinski, Handbuch (wie Anm. 48), S. 55–59 (Sömmerda 1).
74 Hirsching, Versuch (wie Anm. 68), Vorrede S. [8].

Die Gutenberg-Bibel der Erfurter Predigergemeinde

Aus den Archivalien zu ihrem Verkauf[1]

Rosemarie Simon

Bis zur zweiten Hälfte des 19. Jahrhunderts befand sich in Erfurt eines jener kostbaren Exemplare von Johannes Gutenbergs monumentalem Druckwerk: eine 42-zeilige Bibel (B 42). Aufbewahrt wurde das in Gutenbergs Offizin geschaffene Werk im Archiv der Predigerkirche. Der Bestand dieses Archivs umfasste nach einer Aufstellung aus dem Jahr 1872 über 100 Bände.[2]

Die Gutenberg-Bibel, die schon in einem Verzeichnis um 1692, genannt „Catalogus Bibliothecae Ecclesiae Praedicatorum",[3] als „Eine alte Lateinische Bibel" unter Nr. 1 und 2 aufgeführt wurde, war eines der wertvollsten Werke in diesem Bestand – bis zum 3. Juni 1872.

An diesem Tag wurde die Gutenberg-Bibel verkauft und trat eine lange Reise an, die schließlich bis nach Amerika führte. Für Erfurt war damit dieser Schatz unwiederbringlich verloren.

Noch heute fragen wir uns, wie es zu dieser Entscheidung kam. Durch Einsichtnahme in Akten des Archivs der Predigerkirche versuchte ich, die damaligen Überlegungen der Verantwortlichen zu verfolgen, von ihren Bedenken und Bemühungen zu erfahren, die letztlich dazu führten, dass dieses ehrwürdige Werk aus dem Bestand der Predigerkirche gegeben wurde.[4]

Über die Herkunft der 42-zeiligen Gutenberg-Bibel im Archiv der Predigerkirche gibt es keinen eindeutigen Nachweis. Sowohl in den Protokollen als auch in der Korrespondenz des Gemeindekirchenrates liest man, dass die Bibel „seit undenklichen Zeiten ihren Platz" im Archiv der Kirche hatte. Wahrscheinlich hat sich die Bibel bereits im 15. Jahrhundert im Bestand der Bibliothek des früheren Predigerklosters befunden.[5]

In der Fachliteratur wird mitunter die Ansicht geäußert, dass diese B 42 im Jahr 1870 „entdeckt" wurde. Tatsächlich ist aber bereits in den dreißiger Jahren des 19. Jahrhunderts der Stadtrat, spätere Eisenbahndirektor und Älteste der Predigergemeinde Karl Herrmann (1797–1874) auf diese Bibel aufmerksam geworden. Er entdeckte „beim zufälligen Durchstöbern" in „einem alten Regal im Archiv im Paulsturm" gegenüber der Predigerkirche, „tief am Boden zwei ansehnliche Folianten, welche beim Öffnen einen seltsamen Anblick gewährten." Die großen gotischen Lettern und der frische Glanz der Farben beeindruckten Karl Herrmann sehr und ließen zunächst nicht erkennen, ob es sich hier um eine Handschrift oder einen Druck handelte. Welch wertvolles und seltenes Werk er in Händen hielt, wusste Karl Herrmann zu dieser Zeit noch nicht.[6]

Die erste Erwähnung zu einem eventuellen Verkauf der Bibel fand ich in einem Protokoll des Kirchenvorstandes vom 5. Februar 1836. Hier ist notiert: „Dato wurde aus dem Kirchenarchiv dem Insp[ektor] Herrmann daselbst aufbewahrte alte Bibel übergeben, um einen Versuch zu machen, ob er sie in Gotha gut verkaufen könne."[7] Karl Herrmann berichtete, nachdem er die aus zwei Foliobänden bestehende Bibel dem Bibliothekssekretär Möller der Herzoglichen Bibliothek in Gotha vorgezeigt hatte, dass dieser die Bibel „für eines der ältesten Druckwerke"[8] erklärt habe. Der damalige Gesprächspartner Karl Herrmanns war vermutlich Johann Heinrich Möller, langjähriger Bibliothekar in Gotha. In einer weiteren Eintragung vom 3. Juni 1837 ist nachzulesen, dass Herrmann einen Brief von Möller erhielt, „in welcher ihm derselbe meldet, dass die ... Bibel zu den seltenen Druckwerken aus dem 15. Jahrhundert gehöre."[9] Der Gothaer Bibliothekar hatte beim ersten Blick erkannt, dass er die 42-zeilige, von Gutenberg gedruckte Bibel vor sich hatte. Er bedauerte nur, dass 16 Blätter und mehrere Initialen fehlten. Offenbar war die Schönheit des Initialschmucks und der kostbaren Buchmalerei Anlass für derartige „Entwendungen" durch unberechtigte Liebhaber. Die Herzogliche Bibliothek in Gotha, die kein solches Exemplar besaß, war sehr an einem Kauf der Erfurter B 42 interessiert.

Deshalb bat die Gothaer Bibliotheksverwaltung das Presbyterium, also den Kirchenvorstand[10] der Predigergemeinde, um Mitteilung, zu welchen Bedingungen das Werk abgegeben werden sollte.

Für die Gutenberg-Bibel wurde ein Preis von 50 Reichstalern festgelegt. Im Protokoll vom 3. Juni 1837 wurde deshalb festgehalten, dass der Magistrat ersucht werden sollte, die Genehmigung zum Verkauf der Bibel zu erteilen, wenn die Herzogliche Bibliothek auf die Forderung von 50 Reichstalern einginge.[11] Denn die Einwilligung der Behörde war Voraussetzung für einen Verkauf alter und seltener Werke.

Der Magistrat zögerte zunächst mit der Erteilung der Genehmigung, die die Predigerkirche am 11. September 1838 beantragte. Das Presbyterium sollte zunächst berichten, „auf welche Art und Weise die Bibel in den Besitz der Kirche gekommen sei." Das Werk sollte hiesigen Sachverständigen und Bibliothekaren „zur Beurtheilung und Wertbestimmung vorgelegt werden und ihr Urtheil zu hören." Außerdem wurde das Presbyterium aufgefordert, dem Magistrat die Bibel zur Einsicht einzureichen.[12]

Das Bibelwerk wurde daraufhin dem Magistrat übergeben; in einem begleitenden Schreiben erläuterte man, „dass die Kirche seit undenklichen Zeiten im Besitz dieses Werkes ist" und dass man es dem Erfurter Magistrat überlassen wolle, „dasselbe einem Sachverständigen vorzulegen, da ein genauer Kenner solcher alten Incunabeln hier unbekannt" sei.[13] Nachdem der Magistrat die Bibel einem „Sachverständigen"[14] vorgelegt hatte, genehmigte er schließlich den Verkauf unter der Bedingung, dass der Erlös von 50 Reichstalern zu dem Stammvermögen der Kirche zu verrechnen sei.[15] Dieser Verkauf wurde jedoch damals nicht realisiert.

Sieben Monate später wurde in einer Kirchenratssitzung gefragt: „Wie sieht es mit dem Verkauf der Bibel aus?".[16] Der Stadtrat Herrmann wurde beauftragt, nochmals mit der Herzoglichen Bibliothek in Verbindung zu treten. Ein erneuter Protokolleintrag findet sich erst unter dem 19. August 1840 mit der Anfrage nach dem Stand des Verkaufs nach Gotha.[17] Doch eine Beantwortung dieser Frage wurde in den Akten nicht festgehalten. Wahrscheinlich konnte man sich nicht entschließen, das wertvolle Werk für einen so geringen Preis zu veräußern.

Seit der ersten Erwähnung in den Akten des Predigerarchivs im Februar 1836 wurde also der Gedanke eines Verkaufs dieses kostbaren Exemplars erwogen, und später bemühte man sich mit großem Einsatz, die in Erfurt nur ein einziges Mal vorhandene 42-zeilige Bibel, wie man betonte, „bestmöglichst zum Nutzen des Kirchen-Vermögens zu verkaufen."[18]

Da die bisherigen Verkaufsverhandlungen keinen Erfolg zeigten, sollten sie künftig über den Buchhandel erfolgen. Deshalb schlug Karl Herrmann nun in einer Beratung am 19. August 1840 vor, den Erfurter Buchhändler Hilsenberg „zu einem Versuch zu veranlassen, ob sich vielleicht in Berlin ein anständiger Käufer für dieses alte Druckwerk finde".[19]

Der Buchhändler, Übersetzer und Schriftsteller Ludwig Hilsenberg (1814–1843) besaß seit 1838 in Erfurt eine Buchhandlung, musste sie allerdings bereits 1842 aus gesundheitlichen Gründen wieder aufgeben. Inwieweit sich Hilsenberg mit der Verkaufsangelegenheit befassen konnte, ist in den Akten nicht verzeichnet.

In den nächsten 28 Jahren war es still um den Verkauf der Erfurter B 42. Erst im Jahr 1868 stand die Gutenberg-Bibel wieder auf dem Programm einer Beratung. In der Protokollnotiz vom 23. September 1868 wurde erwähnt, dass die „seltene Bibel" von Gutenberg eigentlich 1838 für 50 Reichstaler verkauft werden sollte.[20] Worin der Anlass für die erneute Aufnahme dieser so lange ruhenden Angelegenheit bestand, ist in den Akten nicht vermerkt. Vielleicht hatte man nach der Gutenberg-Feier, die 1840 in Erfurt begangen worden war, zunächst Bedenken, die in einer damals vielbeachteten Ausstellung als besondere Kostbarkeit gewürdigte Gutenberg-Bibel aus dem Archiv der Predigerkirche zu verkaufen?

Die 42-zeilige Bibel war anlässlich dieser Gutenberg-Gedenkfeier im Saal der Kasinogesellschaft ausgestellt worden. Dass es sich bei diesem Ausstellungsstück um eine besondere Kostbarkeit handelte, wird in der „Darstellung der Feier des Gutenbergfestes zu Erfurt am 26. und 27. Julius 1840" hervorgehoben: „Allen bisherigen Nachrichten zufolge kannte man nur 16 Exemplare. Es ist deshalb interessant bei Gelegenheit dieser Ausstellung ein 17tes Exemplar entdeckt zu haben."[21] In einem Zeitungsartikel der „Thüringer Allgemeinen Zeitung" vom 24. März 1940, also 100 Jahre später, wurde berichtet, dass in der Ausstellung von 1840 alte Handschriften und alte Drucke zu sehen waren, „unter deren Schätzen der kostbarste die 42-zeilige gedruckte Bibel Gutenbergs war, die sich im Besitz der Predigerkirche befand und damals erst entdeckt wurde."[22]

Im Mai 1870 traten die Verkaufsbemühungen schließlich in eine neue Phase. In einer Beratung des Kirchenvorstandes, an der auch der Stadtrat Herrmann teilnahm, erklärten sich die Mitglieder des Gemeinde-Kirchenrates mit dem Verkauf der B 42 einverstanden und gingen auf den Vorschlag Karl Herrmanns ein, ihn zum Verkauf zu bevollmächtigen.[23]

Dieser Beschluss wurde in einem Schreiben vom 23. Mai 1870 dem Magistrat mitgeteilt und zugleich beteuert, dass man die Bibel „zum Nutzen unseres Kirchen-Vermögens" bestmöglichst verkaufen wolle. Für die „Einleitung und Weiterführung der Verkaufverhandlungen" wurde Karl Herrmann eine Frist von einem Jahr gewährt. Die endgültige Genehmigung des Verkaufes behielt sich der Kirchenrat vor. [24]

1870 erschien in der Zeitschrift „Serapeum" eine Beschreibung der Erfurter B 42 von dem Leipziger Bibliothekar Bruno Stübel. Er verglich darin das Erfurter Exemplar mit den beiden Exemplaren der Universitätsbibliothek Leipzig. Zugleich wurde damit „mancher gut dotirten Bibliothek die Gelegenheit geboten, diesen kostbaren Schatz zu erwerben".[25] Nach Herrmann sollte durch die Arbeit Bruno Stübels „nach dem Rathe erfahrener Bibliothekare ... die Aufmerksamkeit der deutschen größeren Bibliotheken auf die Bibel gelenkt und der Verkauf derselben" eingeleitet werden. Zugleich äußerte sich Herrmann enttäuscht darüber, dass durch die „welterschütternden Ereignisse des vergangenen Jahres" nicht mehr Interessenten auf eine „Erwerbung jenes kostbaren Schatzes" aufmerksam wurden.[26] Herrmann nahm nun mit dem Oberbibliothekar Pertz an der Berliner Königlichen Bibliothek Verbindung auf, in der Zuversicht, dass hier ein großes Interesse an der Erwerbung dieses Werkes bestehen würde.[27] Jedoch scheiterte der Verkauf der Erfurter Bibel wie schon in Leipzig an fehlenden finanziellen Mitteln der Königlichen Bibliothek Berlin. Karl Herrmann erbat sich deshalb „Vollmacht und Auftrag, auf dem Wege des Buchhandels die Bibel zu vertreiben und zu diesem Zwecke mit dem Buchhändler und Antiquar Otto hier in Verbindung zu treten".[28] Daraufhin wurde Herrmann wiederum beauftragt, die Geschäfte in dieser Form in die Hand zu nehmen, wobei dem Kirchenrat die letzte Entscheidung in der Verkaufsangelegenheit obliegen sollte.

Am 29. Oktober 1871 wurde erneut über den Verkauf der B 42 verhandelt und der Buchhändler Otto, Gemeindemitglied der Predigerkirche, offiziell mit den Verkaufsverhandlungen betraut.[29] Die „Otto'sche Buchhandlung" befand sich in Erfurt in der Paulstraße 31, nahe der Predigerkirche, und bot neben ihrem Buch- und Antiquariatshandel auch einen „Journal-Lese-Cirkel" an. Otto sollte zunächst Angebote einholen. Wie bereits bei den Verkaufsbemühungen in den dreißiger Jahren musste vor einem Verkauf „dem Magistrat Mittheilung gemacht und außerdem auch die Zustimmung der Gemeinde eingeholt werden". Die wichtige Entscheidung, dass die Gemeinde einbezogen werden müsste, wurde erstmalig im Protokoll vom 26. November 1871 erwähnt.[30] Hatte man den Verkauf der Bibel bisher mit dringendem Bedarf an finanziellen Mitteln für die „Ausführung nothwendiger Reparaturen"[31] sowie der „schlechten Aufbewahrung und Feuersgefahr"[32] begründet, hieß es in dem Protokoll nun erstmals: „Es geschieht übrigens der Verkauf nicht bloß aus Geldrücksichten, sondern in der Absicht, das wertvolle Buch einem größeren wissenschaftlichen Kreise zugänglich zu machen."

Die „Otto'sche Buchhandlung" gab mit der Bitte um Veröffentlichung werbewirksame Artikel an Zeitungsredaktionen mit der Ankündigung, dass „eine der größten bibliographischen Seltenheiten" jetzt „zufälligerweise zum Verkauf" kommt. „Es ist dies ein vorzüglich erhaltenes Papier-Exemplar der Gutenberg-Fustischen lateinischen Bibel ..., der Predigerkirche in Erfurt gehörig ..."[33]

Durch die Veröffentlichungen wurde das Interesse an diesem bisher „unbekannten Schatz in weiten Kreisen angeregt", so dass sich der Magistrat der Stadt Erfurt am 14. November 1871 in einem Brief an den Kirchenrat wandte: „Wir selbst sind, in Rücksicht auf den besonderen Werth dieses Buches für hiesige Stadt der Frage näher getreten, ob ein Ankauf desselben für unsere Bibliothek zu ermöglichen sein würde." Das Geld, „ein so bedeutendes Kapital – vielleicht 1400 bis 1500 Taler – zu diesem Zwecke aufzuwenden", sei leider nicht vorhanden, „und so ist es denn leider bei guten Wünschen verblieben". Es wurde dringend empfohlen, die Verkaufsangelegenheit in einer Gemeindeversammlung zu besprechen und zu beraten, wie sich Mittel beschaffen ließen, um „den nothwendigen Bedürfnissen der Kirche zu genügen, ohne jenen Verkauf ins Werk zu setzen". Die Gemeinde hätte ein Recht darauf, in einer Sache von so großem „Allgemein-Interesse" mit zu entscheiden. „Dieser einzuholende Gemeinde-Beschluß" würde „den Kirchenrath in jedem Falle vor Vorwürfen schützen."[34]

In einem Brief der Königlichen Regierung vom 1. Dezember 1871 wurde der Gemeinde-Kirchenrat binnen drei Wochen zu einem Bericht über die bisher gelaufenen Verhandlungen aufgefordert.[35] Außerdem fragte man an, zu welchem Preis der Gemeinde-Kirchenrat die Bibel „eventuell dem diesseitigen Staate überlassen würde". Der Kirchenrat teilte daraufhin mit, dass die Verhandlungen

Herrmanns auch in Berlin ohne Erfolg waren und die Bibel deshalb in den öffentlichen Blättern zum Verkauf angeboten worden war. Außerdem behielte man sich eine bestimmte Preisforderung vor, bis ein Gebot erfolgt sein würde. „Vor dem Abschluß eines Verkaufes" wollte man „der Königlichen Regierung Anzeige machen, um Gelegenheit für einen Ankauf für die vaterländische Bibliothek" zu bieten.[36]

Mit welchen Institutionen der Buchhändler Otto Kontakt wegen des Verkaufs der Bibel aufnahm, geht aus einer Aufstellung seiner Portoauslagen hervor, die er 1872 der Predigerkirche übergab.[37] Dazu gehörten die Buchhandlung „T. O. Weigel" in Leipzig, die Königliche Bibliothek Berlin, das Antiquariat „Asher und Co." in Berlin, das Germanische Museum Nürnberg, das Auktionsinstitut von J. St. Goar in Frankfurt am Main und die Buchhandlung „List und Francke", Leipzig. Es gingen Angebote mehrerer Interessenten ein, unter anderem auch von dem oben genannten Buchhändler T. O. Weigel aus Leipzig.[38]

T. O. Weigel hatte sich bereits in einem Brief vom 5. November 1870 mit Herrmann in Verbindung gesetzt, um, wie er schrieb, „in die etwaigen Unterhandlungen behufs Verkauf der in Erfurt aufgefundenen 42-zeiligen Bibel zu treten" und nach dem Preis zu fragen.[39] Wie groß das Interesse Weigels an der B 42 war, zeigte sein späteres hohes Gebot von 1500 Talern.[40] Das Angebot eines weiteren Käufers, dessen Name nicht genannt wurde, betrug 600 Taler.

Auch der Buchhändler Otto beteiligte sich mit einem beachtlichen Gebot von 1000 Talern, jedoch lag er damit unter dem Berliner Antiquariat „Asher u. Co.",[41] das 1750 Taler bot und damit den Zuschlag bekam.[42] In einer Versammlung des Gemeinde-Kirchenrates vom 21. April 1872 wurde nun der 3. Juni 1872 als Termin des Verkaufs der B 42 festgelegt.[43] Die Gutenberg-Bibel der Predigerkirche ging in den Besitz von „Asher und Co." über.[44] Für Erfurt war eine unersetzbare Kostbarkeit verlorengegangen.

Kurz nach dem Verkaufstag erschien am 6. Juni 1872 in der „Erfurter Zeitung" ein Artikel vom Buchhändler Otto, in dem abschließend das Resultat dieses Verkaufs als „überaus günstig" eingeschätzt wurde. Rückblickend legte er dar, dass die Bibel innerhalb der letzten sieben Jahre nur in drei Ausstellungen außerhalb des „im Allgemeinen nicht zugänglichen Archiv der Predigerkirche die Blicke weiterer Kreise auf sich gezogen hätte: Zum ersten Mal geschah dies ... während einer Versammlung der Geschichts- und Altertumsforschenden Vereine im Herbst 1865, dann vor zwei Jahren [also 1870] in den Räumen der Universitätsbibliothek Leipzig und endlich im vorigen Jahr [also 1871] in den Räumen der Königlichen Bibliothek zu Berlin."

Den vollzogenen Verkauf hatte der Gemeinde-Kirchenrat der Predigerkirche unverzüglich dem Magistrat gemeldet, woraufhin dieser einen Nachweis für die von ihm veranlasste Beratung mit den Mitgliedern der Gemeinde und über deren Stellungnahme zu dem Verkauf forderte.[45] Die Versammlung der Gemeindemitglieder hatte am 2. Juni 1872, also einen Tag vor dem Verkauf stattgefunden; die Versammlung war mit dem zum Verkauf „der alten 42-zeiligen Bibel eingeschlagenen Verfahren einverstanden."[46]

Von Karl Herrmann liegt noch ein weiteres Schreiben, vermutlich an den Gemeindekirchenrat, vom 10. September (?) 1872 vor.[47] Herrmann gab darin das „Verzeichnis der Bücher und Musikalien" aus dem Archiv der Predigerkirche zurück, nachdem er mit dem Buchhändler Otto den Archivbestand durchgesehen hatte. Offenbar hatte man die Absicht, weitere Werke aus dem Bestand zu verkaufen, aber hier äußert sich Herrmann recht zurückhaltend. Der Verkauf dieser Inkunabeln und Musikalien des 16. und 17. Jahrhunderts würde wohl „nicht einen ähnlichen Erfolg haben wie jener der Gutenbergschen Bibel." Er fügt hinzu: „... der Verkauf der Gutenbergschen Bibel hat in der gelehrten Welt größtes Aufsehen gemacht und ist Veranlassung gewesen, dass sehr unangenehm klingende Urteile darüber laut geworden sind, dass dieses unschätzbare Werk überhaupt verkauft und in das Ausland gekommen ist." Man müsse „sehr vorsichtig sein, um nicht weitere sehr unangenehme Urteile hervorzurufen, namentlich dann, wenn der Erlös kaum von Bedeutung sein kann." Kritisch wendet sich Herrmann an den „verehrlichen Kirchenrat", den er „kaum für ermächtigt halte", Werke aus dem Bestand „sämtlich ohne weiteres zu verkaufen, ohne dem Willen der Geber derselben entgegenzutreten". Er verweist hier auf Bücher des Rechenmeisters und „sehr tätigen Gemeindemitgliedes" Johannes Weber (gest. 1595).[48] Herrmann schreibt, dass „dieser wohltätige Mann bei Übergabe jener Bücher an den damaligen Kirchenvorstand" sicherlich „nicht die Absicht gehabt hätte, dass dieselben beliebig verkauft werden könnten, sondern dass dieselben zum Nutz und Frommen der Gemeindeglieder aufbewahrt werden sollen". Herrmann schlug die Übergabe der Bücher und Musikalien an die Erfurter Bibliothek des Evangelischen Ministeriums „unter Vorbehalt der Eigentumsrechte der Predigerkirche" vor. „Dort werden sie am zweckmäßigsten aufbewahrt, für den öffentlichen Gebrauch leicht zugänglich, wodurch auch dem Willen der Geber ... Genüge geschieht." Ist es hier, wenige Monate nach dem Verkauf der B 42, Bedauern und Reue über den Verlust dieses wertvollsten Werkes des Bestandes? Karl Herrmann gibt weiterhin zu bedenken: „Würden die Geber dieser Bücher von gleichen Rücksichten geleitet worden sein, nun Alles zu Gelde zu machen, so würde nicht eine so kostbare Bibliothek zu Stande gekommen sein, wie sie jetzt vorhanden ist und der Stadt Erfurt zum Ruhme gereicht." Abschließend fügt Herrmann hinzu, dass „Herr Buchhändler Otto, als Mann vom Fache gleicher Meinung" sei.

Noch im Jahr 1940 ist in einem Artikel der „Thüringer Allgemeinen Zeitung" hinsichtlich des Verkaufs der B 42 eine harte Kritik zu lesen, „dass dieses herrliche Stück auf Betreiben des Stadtrates Herrmann für 1500 Taler, die die Kirche angeblich benötigte, ... verkauft wurde" und kurz darauf „für den dreifachen Betrag nach Amerika" veräußert wurde. „Heute wäre die Bibel mehrere Millionen wert."[49]

Studieren wir heute, nach fast 130 Jahren, die Akten, so bewegt uns die Frage, was einen um die Stadt Erfurt so hoch verdienten Mann wie Karl Herrmann zu seinem engagierten Einsatz um den Verkauf der Gutenberg-Bibel im Auftrag des Gemeindekirchenrates bewogen haben mag. Karl Herrmann war unter anderem Initiator der Gründungen des Vereins für die Geschichte und Altertumskunde von Erfurt (1863) und des Erfurter Stadtarchivs (1864). Er wirkte als Stadtverordneter und von 1844 bis 1872 als Mitglied der Eisenbahndirektion Erfurt. Seit 1857 war er Mitglied der „Akademie gemeinnütziger Wissenschaften". Seiner 1863 erschienenen „Bibliotheca Erfurtina" gab Karl Herrmann mit Recht den Untertitel: „das Verzeichnis eines großen Bücherschrankes, der Erfurter Geschichte heißt und der zum ersten Mal gründlich geordnet wird."[50] In diesem umfangreichen Werk gab Herrmann eine Übersicht über alle Quellen zur Erfurter Geschichte, die handschriftlich, gedruckt oder als Bildmaterial vorlagen.

Womöglich kamen für ihn die in dem oben zitierten Brief erwähnte Kritik an der Veräußerung des kostbaren Werkes und die „sehr unangenehm klingenden Urteile"[51] unerwartet, und ihm wurde erst jetzt die Tragweite der damals getroffenen Entscheidungen bewusst.

Im Vordergrund stand für ihn und den Kirchenrat der Predigergemeinde der Gedanke, das Vermögen der Kirche durch ein lukratives Geschäft beträchtlich zu erhöhen, da die Ausgaben der Predigerkirche die geringen Einnahmen oft erheblich überstiegen. Immer wieder mussten zur Erhaltung und Verschönerung der Kirche und Reparatur der Orgel hohe Geldsummen aufgebracht werden. So hatte beispielsweise die Reparatur der Orgel bei der 1826 und 1827 vorgenommenen Verschönerung der Kirche über 809 Reichstaler gekostet.[52]

Auch Gemeindemitglieder und „Freunde der Kirche" beteiligten sich mit Spenden an der Finanzierung von Reparatur- und Bauarbeiten. So wird berichtet, dass Karl Herrmann auf eigene Kosten für die Erhaltung eines in Stein gehauenen Kunstwerkes „über der sogenannten kleinen Tür" „eine schützende Bedeckung" anbringen ließ.[53]

Auch im Zusammenhang mit einer im Januar 1871 genehmigten, vom Organisten Georg Eduard Zinck beantragten Reparatur der Orgel wurde zugleich beschlossen, „die alten Instrumente, wie Geigen usw. zu verkaufen".[54] Genaueres über diesen Verkauf steht in einem Schreiben vom 9. Dezember 1872, in dem 22 Taler für Instrumente geboten wurden. Mit der Begründung, dass diese Instrumente „ganz unbenutzt dem Zerfall entgegen gehen", wurde dem

Verkauf durch den Gemeinde-Kirchenrat zugestimmt.[55] Auch später kam es noch zu Verkäufen, wie 1878 von „alten Musikalien" an den Berliner Buchhändler Cohn für 220 Mark.[56]

Bevor ich mich im Archiv der Predigerkirche in die Akten zum Verkauf der Gutenberg-Bibel vertiefte, hörte ich von der angeblich einstigen Begründung für die damalige finanzielle Notlage: das Geld wurde für den Bau einer Heizung dringend benötigt. Nach Durchsicht von Belegen zu Bau- und Reparaturmaßnahmen aus dem Jahr 1873[57] fand ich Rechnungen für Reparaturen am Glockenstuhl von mehreren Firmen, 1874 die Berechnung von „15 Thalern für die Durchstimmung der Orgel", 1883 einen „Anschlag über die Dachdeckung resp. Umdeckung der Predigerkirche zu Erfurt" von insgesamt 1679,15 Mark[58] und eine Kostenaufstellung zum „Umbau des östlichen Theiles vom Hauptdach der Predigerkirche" in Höhe von 2.700 Mark.[59] Ständig waren Investitionen für dringende Bau-, Reparatur- und Erhaltungsmaßnahmen erforderlich. Anhaltspunkte für einen Heizungsbau fand ich erst in dem „Prediger-Gemeindeblatt" vom Oktober 1929, in dem auf die Notwendigkeit einer gründlichen Erneuerung „der vor etwa 30 Jahren" angelegten Heizung hingewiesen wurde. Tatsächlich wurden in den „Rechnungen der Prediger-Kirchkasse" der 90er Jahre des 19. Jahrhundert die Einnahmen aus einem „Heizungsfonds" registriert mit vorwiegend Spenden von Gemeindemitgliedern. Ein hoher Betrag wurde z.B. 1898 von einer Erfurter Firma – 3.875.00 Mark – für die Dampfheizungsanlage berechnet.[60] Diese Beispiele sollen lediglich verdeutlichen, dass beachtliche finanzielle Mittel nicht nur für ein Vorhaben, sondern für die verschiedensten Baumaßnahmen verwendet wurden.

So sehr uns auch heute noch, besonders im Jahr der Gutenberg-Ehrungen, der Verlust des Erfurter Exemplars schmerzt, so war dieser Verkauf durchaus kein Einzelfall. Wie z.B. der Erfurter Buchhändler Otto 1871 berichtete, wurde „im Jahr 1858 ein zum Theil wasserfleckiges, wurmstichiges und gleichfalls nicht ganz vollständiges Exemplar in Augsburg von der kaiserlichen Bibliothek zu St. Petersburg für ca. 1400 Thaler auktionsweise erworben".[61]

Anführen möchte ich hier noch den Verkauf der B 42 des Stiftes St. Paul in Kärnten im Jahr 1926. Durch die Inflation fast aller Einkünfte beraubt, sah sich das Stift St. Paul zu diesem Schritt gezwungen. Es wurde von dem Gedanken geleitet, „dass es vorteilhafter sei, durch den Verkauf eines besonderen Objektes in geordnete Verhältnisse zu kommen, als durch kleinere Verkäufe das Haus seiner Kunstschätze zu berauben."[62] Damit versuchte man, sich gegenüber der harten Kritik, die die Veräußerung der Gutenberg-Bibel hervorgerufen hatte, zu rechtfertigen.

Welchen Weg nahm nun das Exemplar der Gutenberg-Bibel der Predigerkirche nach ihrem Verkauf? Nachdem das Berliner Antiquariat „Asher & Co."

die Bibel am 3. Juni 1872 für 1750 Taler erworben hatte, bot es die B 42 für 4000 Taler an[63] und pries es in einer Anzeige von 1873 als das schönste von allen bekannten Papierexemplaren.[64] Henry Stevens kaufte 1873 in London die B 42 für den amerikanischen Sammler George Brinley (1817–1875) in Hartford, Connecticut, für 630 Pfund.[65] Nach dem Tod Brinleys wurde 1881 dessen Sammlung versteigert, und Brayton Ives (1840–1914) wurde Besitzer der Bibel. Als 1891 die Sammlung von Ives versteigert wurde, erwarb der New Yorker, später Chicagoer Sammler James W. Ellsworth das Werk. Noch heute befindet sich wohl sein Exlibris in dem Exemplar. Im Jahr 1924 kaufte die B 42 der Antiquar A. S. W. Rosenbach, und von ihm erwarb sie schließlich 1928 John H. Scheide in Titusville, Pennsylvania.[66] Als sich die evangelische Predigergemeinde zu Erfurt im Juli 1935 an die Buchhandlung Gustav Fock in Leipzig wandte, um etwas über den Besitzer der einstigen Erfurter Gutenberg-Bibel zu erfahren, teilte man im Antwortschreiben mit, dass der Name des Eigentümers „Scheide in Titusville" sei. Handschriftlich ist am Briefrand vermerkt, dass der Besitzer 1935 noch lebte, sein Sohn in München studiere und „hier [gemeint ist Erfurt] zu Besuch" gewesen wäre.[67] Nach Aussage des Sohnes hat der Vater die Bibel für 10.000 Dollar gekauft.[68] Die ursprünglich fehlenden Blätter im Teil 2 der B 42 wurden weitgehend durch Einfügen von Originalblättern, die John H. Scheide 1934 und 1937 erwarb, aber auch einige Faksimile-Blätter ergänzt.[69]

William H. Scheide, der Sohn von John H. Scheide, ist der derzeitige Besitzer der 42-zeiligen Gutenberg-Bibel aus Erfurt. Die wertvolle Bibliothek seines Vaters mit der Gutenberg-Bibel und weiteren seltenen und kostbaren Druckwerken stellte er der Princeton University Library als Dauerleihgabe zur Verfügung.[70] In dieser Universitätsbibliothek im Staat New Jersey ist die kostbare John H. Scheide Library in einem separaten Raum aufgestellt und steht hier der Forschung zur Verfügung.

In einem Artikel des Gemeindeblattes der Predigerkirche vom September 1935, überschrieben „Die Gutenberg-Bibel", wird deren Verkauf sehr bedauert.[71] Der Autor des Artikels erwähnt den Brief eines „wohlhabenden Deutsch-Amerikaners", der im Dezember 1933 im Gemeindeblatt veröffentlicht worden war. Absender dieses mit N. N. unterzeichneten gedruckten Briefes ist Mr. Scheide aus Titusville.

In diesem Artikel von 1933 mit der Überschrift „Ein Brief aus Amerika"[72] steht einleitend, dass man erst hierdurch vom einstigen Besitz einer Gutenberg-Bibel erfahren hätte. Wörtlich heißt es: „Diesen kostbaren Schatz hat unsere Predigerkirche einst für ... schnödes Geld verkauft ... In Wahrheit ist es ja unbezahlbar." In dem an den Pastor[73] gerichteten Brief berichtet Scheide, dass er im Juli [1933?] extra in Erfurt war, um in der Predigerkirche „die ehemalige Heimat des vornehmsten Schatzes seiner Bibliothek" zu besuchen. Um das Verzeichnis der bisherigen Besitzer seiner B 42 „für die Nachwelt" vervollkommnen zu können, bat er um Angaben, „wer diese Bibel vor der Predigergemeinde besessen" habe. Scheide wurde geantwortet, dass die Bibel seit dem 15. Jahrhundert Eigentum des Predigerklosters und später der Predigergemeinde gewesen sei.

Zum Abschluss des Artikels „Die Gutenberg-Bibel" im Gemeindeblatt vom September 1935 heißt es : „Wir sind sogar so unbescheiden gewesen", dem jetzigen Besitzer, Herrn Scheide in Titusville, Pennsylvania, „nahe zu legen, die Bibel für den Fall seines Todes dem ursprünglichen Besitzer zu vermachen."

Ob jemals hierauf eine Antwort erfolgte, konnte ich leider nicht ermitteln.

Anmerkungen

1 Überarbeitete Fassung des Vortrags vom 24. März 2000, dem ein Überblick über die noch vorhandenen Gutenberg-Bibeln von Kathrin Paasch vorausging. Abkürzungen: APE: Archiv der Predigergemeinde Erfurt; StuRBE: Stadt- und Regionalbibliothek Erfurt.

2 Verzeichniß der im Archiv der Prediger-Kirche aufgestellten Bücher, um 1772. In: Verkauf der Gutenberg-Bibel 1870–1872 nebst Verzeichnis alter Bücher (APE 33c). Die nach Formaten getrennte Aufstellung umfasst 55 Positionen.

3 Catalogus Bibliothecae Ecclesiae Praedicatorum, um 1692. In: Findbuch der Predigerkirche von Johann Valentin Friese, 1693 (APE 658).

4 Für die Unterstützung bei meinem Aktenstudium bedanke ich mich herzlich beim Archiv der Predigergemeinde. In erster Linie waren für meine Recherchen die „Protokolle des Presbyteriums 1835–1877" (APE 656), die Akten „Verkauf der Gutenberg-Bibel 1870–1872 nebst Verzeichnis alter Bücher" (wie Anm. 2), sowie „Belege zu den Kirchenrechnungen", 1872 bis 1874 (APE 576, 577) und die Journale „Rechnung der Prediger-Kirchkasse" (APE 380-417) für die einzelnen Jahre aufschlussreich, wenn sich auch mitunter nur eine winzige Notiz als weiteres Mosaiksteinchen fand.

5 Artikel von Carl Otto. In: Erfurter Zeitung (6. Juni 1872); Prediger-Gemeindeblatt 8 (1935), Nr. 12.

6 Erfurter Zeitung (3. Juni 1872).

7 Eintragung vom 5. Februar 1836. In: Protokolle, Nr. 10 (wie Anm. 4).

8 Ebenda.

9 Eintragung vom 3. Juni 1837. In: Protokolle, Nr. 33 (wie Anm. 4).

10 Seit 1817 wurde der Kirchenvorstand Presbyterium bzw. Collegium Presbyterium genannt.

11 Zusatz zur Eintragung vom 3. Juni 1837. In: Protokolle, Nr. 33 (wie Anm. 4).

12 Eintragung vom 31. Oktober 1838. In: Protokolle, Nr. 53 (wie Anm. 4).

13 Ebenda.

14 Der Name war aus den Akten nicht zu ermitteln.

15 Eintragung vom 17. Dezember 1838. In: Protokolle, Nr. 59 (wie Anm. 4) und Brief vom 17. Dezember 1838. In: Verkauf (wie Anm. 2).

16 Eintragung vom 24. Juli 1839. In: Protokolle, Nr. 24. (wie Anm. 4).

17 Protokoll der Beratung vom 19. August 1840. In: Protokolle, Nr. 52 (wie Anm. 4).

18 Brief des Gemeinde-Kirchenrates der Predigerkirche vom 23. Mai 1870. In: Verkauf (wie Anm. 2).

19 Protokoll der Beratung vom 19. August 1840. In: Protokolle, Nr. 52 (wie Anm. 4).

20 Protokoll vom 23. September 1868. In: Protokolle (wie Anm. 4).

21 Darstellung der Feier des Gutenbergfestes zu Erfurt am 26. und 27. Julius 1840, Erfurt 1840 (StuRBE Ec 832c).

22 Im Übrigen war die Predigerkirche nicht nur durch die Präsentation der Gutenberg-Bibel in die Feierlichkeiten zum Gedenken an den Begründer der „schwarzen Kunst" einbezogen. Auch ein Gottesdienst wurde hier zum „Jubelfest" veranstaltet, vgl. Eintragung vom 8. Januar 1840. In: Protokolle, Nr. 3 (wie Anm. 4).
23 Protokoll vom 22. Mai 1870. In: Protokolle (wie Anm. 4).
24 Brief des Gemeinde-Kirchenrates der Predigerkirche vom 23. Mai 1870. In: Verkauf (wie Anm. 2).
25 Bruno Stübel, Über ein neu aufgefundenes Exemplar der 42-zeiligen Gutenberg-Fustischen Bibel. In: Serapeum 31 (1870), S. 230–234, 241–248.
26 Brief Karl Herrmanns an den Kirchenrat der Predigerkirche vom 19. Mai 1871. In: Verkauf (wie Anm. 2).
27 Vgl. den Bericht an den Kirchenrat vom 19. Mai 1871. In: Verkauf (wie Anm. 2).
28 Protokoll vom 9. Juli 1871. In: Protokolle (wie Anm. 4).
29 Protokoll vom 29. Oktober 1871. In: Protokolle (wie Anm. 4).
30 Protokoll vom 26. November 1871. In: Protokolle (wie Anm. 4).
31 Zeitungsartikel vom November 1871, eingeheftet in: Belege, 1872, Nr. 134 (wie Anm. 4, APE 576).
32 Erfurter Zeitung (3. Juni 1872).
33 Wie Anm. 31.
34 Brief vom 14. November 1871. In: Verkauf (wie Anm. 2).
35 In: Verkauf (wie Anm. 2).
36 Brief des Kirchenrates der Predigerkirche an die Königliche Regierung vom 9. Dezember 1871. In: Verkauf (wie Anm. 2).
37 Belege, 1872, Nr. 134 (wie Anm. 4, APE 576).
38 Zu dieser Antiquariatsbuchhandlung vgl. Brockhaus's Konversations-Lexicon, Bd. 16, 14. völlig neubearb. Aufl., Leipzig, Berlin, Wien 1898, S. 586-587.
39 Dieser handschriftliche Brief ist angeheftet an den Druck StuRB Erfurt Ek 504.
40 Randnotiz vom 3. Juni 1872, unterzeichnet von „Rudolphi", zum Brief des Magistrats an den Kirchenrat der Predigergemeinde vom 14. November 1871. In: Verkauf (wie Anm. 2).
41 Zu „Asher und Co." vgl. Brockhaus's Konversations-Lexicon, Bd. 1, 14. völlig neubearb. Aufl., Leipzig, Berlin, Wien 1898, S. 977-978. In den Unterlagen des Prediger-Archivs wird im Zusammenhang mit dem Verkauf der Gutenberg-Bibel sowohl der Name Asher als auch Cohn erwähnt, aber es handelt sich in beiden Fällen um dasselbe Antiquariat.
42 Wie Anm. 40.
43 Protokoll vom 21. April 1872. In: Protokolle (wie Anm. 4).
44 Belege, 3. Juni 1872 (wie Anm. 4, APE 576).
45 Brief vom 7. Juni 1872. In: Verkauf (wie Anm. 2).
46 Protokoll vom 2. Juni 1872. In: Verkauf (wie Anm. 2). Im Protokoll sind die anwesenden Gemeindemitglieder vermerkt.
47 Brief vom 10. September (?) 1872. In: Verkauf (wie Anm. 2).
48 Die Bücher von Weber sind heute an den Einträgen und durch seine Initialen auf den Einbänden zu erkennen; die früheste Eintragung stammt aus dem Jahr 1564.
49 Erfurt huldigt der schwarzen Kunst. Die Gutenberg-Gedenkfeiern 1740 und 1840. In: Thüringer Allgemeine Zeitung (24. März 1940).
50 Karl Herrmann, Bibliotheca Erfurtina, Erfurt 1863.
51 Wie Anm. 47.
52 Georg Quehl, Die Predigerkirche zu Erfurt, Erfurt 1830, S. 92.
53 Ebenda, S. 125. Bei dem Relief handelte es sich um eine Darstellung von Christus und den schlafenden Jüngern am Ölberg, das 1484 von dem Bildhauer Johannes Wydemann geschaffen wurde.
54 Eintragung vom 29. Januar 1871. In: Protokolle (wie Anm. 4).
55 Belege, 9. Dezember 1873, Nr. 33 (wie Anm. 4, APE 576).

56 Protokolle vom 11. Februar 1878 und 1. April 1878. In: Protokolle (wie Anm. 4).
57 Belege zu den Kirchenrechnungen der Predigerkirche 1872–1874 (APE 576–578).
58 Rechnungen betreffend Reparaturkosten der Predigerkirche (APE 8).
59 Spezialverzeichnis der Arbeiten bei der Reparatur des östlichen Teils am Hauptdache der Predigerkirche zu Erfurt (APE 9).
60 Beleg 173. In: Rechnungen der Prediger Kirchkasse pro 1898 (APE 412).
61 Text für Zeitungsartikel des Buchhändlers Carl Otto vom November 1871. In: Belege, 1872, Nr. 134 (wie Anm. 4, APE 576).
62 Thiemo Raschl, Zum Verkaufe der St. Pauler Gutenberg-Bibel. In: Gutenberg-Jahrbuch (1931), S. 341–343.
63 Ilona Hubay, Die bekannten Exemplare der zweiundvierzigzeiligen Bibel und ihre Besitzer. In: Johannes Gutenbergs zweiundvierzigzeilige Bibel. Faksimile-Ausgabe nach einem Exemplar der Staatsbibliothek Preußischer Kulturbesitz Berlin, München 1998, S.127–156; hier: S. 152.
64 Roland Folter, The Gutenberg Bible in the Antiquarian Book Trade. In: Lotte Hellinga, Incunabula. Studies in Fifteenth-Century Printed Books, London 1999, S. 307 u. 315.
65 Folter, The Gutenberg Bible (wie Anm. 64), S. 300.
66 Hubay, Die bekannten Exemplare (wie Anm. 63), S. 152. Nach Folter, The Gutenberg Bible (wie Anm. 64), S. 330 hat John H. Scheide die B 42 schon im Jahr 1924 für 46.000 Dollar von Rosenbach erworben. Scheide wird bereits 1930 im Gesamtkatalog der Wiegendrucke als Besitzer genannt. Vgl. Gesamtkatalog der Wiegendrucke. Bd. 4, Leipzig 1930, S. 72–74.
67 Brief der Buchhandlung Gustav Fock an die Evangelische Predigergemeinde vom 15. Juli 1935. In: Verkauf (wie Anm. 2; beiliegende Mappe).
68 Diese Notiz befindet sich unter einer maschinenschriftlichen Abschrift eines Artikels aus der „Erfurter Zeitung" vom 6. Juni 1872, Nr. 129, den Verkauf der Erfurter B 42 betreffend. In: Verkauf (wie Anm. 2; beiliegende Mappe). Allerdings widerspricht die hier angegebene Summe von 10.000 Dollar der Angabe bei Folter, The Gutenberg Bible (wie Anm. 64), S. 330.
69 Hubay, Die bekannten Exemplare (wie Anm. 63), S. 152.
70 Vgl. Hubay, Die bekannten Exemplare (wie Anm. 63); außerdem: Eberhard König, Zur Situation der Gutenberg-Forschung, Münster 1995; Otto Mazal, Die Bucheinbände der erhaltenen Exemplare der zweiundvierzigzeiligen Bibel. In: Johannes Gutenbergs zweiundvierzigzeilige Bibel. Faksimile-Ausgabe nach dem Exemplar der Staatsbibliothek Preußischer Kulturbesitz Berlin, München 1998, S. 157–175; hier: S. 164, S. 175
71 Prediger-Gemeinde-Blatt 8 (1934), Nr. 12.
72 Prediger-Gemeinde-Blatt 7 (1933), Nr. 3.
73 Es handelt sich wahrscheinlich um Pfarrer Kletschke, seit 1912 Pfarrer der Predigergemeinde.

Abbildungsnachweise

Archiv Beate Braun-Niehr: Abb. 8, 10, 12

Archiv Nadine Vogler-Boecker: Abb. 2–7

Biblioteca Apostolica Vaticana: Abb. 11, 13–19

Bibliothek der Deutschen Akademie der Naturforscher Leopoldina Halle: Titelbild, Abb. 1

Erfurter Bibliotheksgesellschaft, 3. Jahresbericht 1927, Erfurt 1928: Abb. 28

Staatsbibliothek Bamberg: Abb. 9, 24–27

Staats- und Universitätsbibliothek Hamburg: Abb. 20–23

Die Beiträger

Beate Braun-Niehr, Dr. phil., M.A., geb. 1956, Handschriftenabteilung der Staatsbibliothek zu Berlin – Preußischer Kulturbesitz, Veröffentlichungen zur mittelalterlichen Buchmalerei, zur mittelalterlichen Kunst, Lexikonartikel u.a. zur christlichen Ikonografie, lebt in Berlin.

Mieczysław Markowski, Prof., Dr. phil., geb. 1929, Institut der Philosophie und Soziologie der Polnischen Akademie der Wissenschaften, Veröffentlichungen u.a. zur Geschichte des Buridanismus an den Universitäten in Mitteleuropa, Repertorien der lateinischen Kommentare zu den Schriften des Aristoteles, lebt in Krakau, Polen.

Felicitas Marwinski, Dr. phil., geb. 1937, Arbeiten zur Buch-, Buchhandels- und Bibliotheksgeschichte Thüringens und Sachsens, Bearbeiterin der drei Thüringenbände des Handbuchs der historischen Buchbestände in Deutschland, Redaktion des Thüringer Biografischen Lexikons, lebt in Weimar.

Ulrich-Dieter Oppitz, Dr. jur., geb. 1939, Ministerialrat a.D. und Rechtsanwalt, Veröffentlichungen zur Bibliografie und Landeskunde Nordosthessens, zu Gewaltverbrechen des Nationalsozialismus, zum Verbleib aufgelöster Handschriftensammlungen, zu neugefundenen Fragmenten mittelalterlicher Handschriften, zu Darstellungen von Beutelbüchern in der mittelalterlichen Kunst, zu deutschen Rechtsbüchern des Mittelalters, lebt in Neu-Ulm.

Kathrin Paasch, geb. 1966, Germanistin und wissenschaftliche Bibliothekarin, Leiterin der Abteilung wissenschaftliche Sondersammlungen der Stadt- und Regionalbibliothek Erfurt, Veröffentlichungen zur Erfurter Bibliotheksgeschichte, lebt in Erfurt.

Rosemarie Simon, geb. 1939, ehemalige wissenschaftliche Mitarbeiterin der Abteilung wissenschaftliche Sondersammlungen der Stadt- und Regionalbibliothek Erfurt, lebt in Erfurt.

Jochen Thamm, geb. 1952, Diplommathematiker und Fachbibliothekar, Leiter der Bibliothek der Leopoldina, Aufsätze zur Bibliothek der Leopoldina, lebt in Halle/Saale.

Nadine Vogler-Boecker, M.A., geb. 1967, Lektorin in einem Verlagskonzern in Wiesbaden, lebt in Hohenstein.

PALMBAUM Texte. Kulturgeschichte

Band 1
Beiträge zur Geschichte des Buchdrucks und des Buchgewerbes in Thüringen
Herausgegeben von Detlef Ignasiak und Günter Schmidt
1996, 184 Seiten mit 50 Abbildungen
ISBN 3-931505-23-5

Band 2
Die Bibliothek des Evangelischen Ministeriums zu Erfurt
Herausgegeben von Michael Ludscheidt
1997, 152 Seiten mit 25 Abbildungen
ISBN 3-931505-26-X

Band 3
Hans Rudolf Jung:
150 Jahre Musikleben in der Residenz- und Industriestadt Greiz
1998, 384 Seiten mit 95 Abbildungen
ISBN 3-931505-21-9

Band 4
Detlef Ignasiak, Frank Lindner:
Das Philosophische Thüringen
Persönlichkeiten, Wirkungsstätten, Traditionen
1998, 264 Seiten mit 192 Abbildungen
ISBN 3-931505-22-7

Band 5
Die Residenzstadt Gotha in der Goethe-Zeit
Herausgegeben von Hans Erkenbrecher und Helmut Roob
2. Auflage 1999, 256 Seiten mit 72 Abbildungen
ISBN 3-931505-41-3

Band 6
Heinrich Weigel, Wolfram Klante, Ingrid Schulze
Tannhäuser in der Kunst
1999, 276 Seiten mit 85 Abbildungen
ISBN 3-931505-33-2

Band 7
Angelika Reimann
Zwischen Pflicht und Neigung
Goethe im Herzogtum Sachsen-Weimar
1999, 446 Seiten mit 104 Abbildungen
ISBN 3-931505-37-5

Band 8
Residenzkultur in Thüringen vom 16. bis zum 19. Jahrhundert
Herausgegeben von Roswitha Jacobsen
1999, 384 Seiten mit 104 Abbildungen
ISBN 3-931505-42-1

Band 9
Helga Raschke
Bevölkerung und Handwerk einer Thüringischen Residenzstadt
Gotha zwischen 1640 und 1740
2001, 480 Seiten mit ca. 100 z.T. farbigen Abbildungen
ISBN 3-931505-45-6

Band 10
Von der Burg zum Schloss
Landesherrlicher und Adeliger Profanbau in Thüringen
im 15. und 16. Jahrhundert
Herausgegeben von Heiko Laß
2001, 232 Seiten mit 100 Abbildungen
ISBN 3-931505-80-4

Band 11
Miszellen zur Erfurter Bibliotheksgeschichte
Herausgegeben von Kathrin Paasch
2002, 144 Seiten mit 27 Abbildungen
ISBN 3931505-69-3

Band 14
Ernst der Fromme
Staatsmann und Reformer
Konferenzband und Ausstellungskatalog
Herausgegeben von Roswitha Jacobsen und Hans-Jörg Ruge
2002, 526 Seiten mit ca. 200, z.T. farbigen Abbildungen
ISBN 3-931505-96-0